泥水盾构工程技术300问

中铁十六局集团有限公司　胡锦华　主编

人民交通出版社股份有限公司

北　京

内 容 提 要

本书通过对豫机城际铁路一标盾构施工筹划、盾构机研发选型、泥水盾构后配套设备选型研发、大直径铁路盾构隧道管片生产、盾构施工全过程的梳理,从泥水平衡原理、泥水盾构机构成、配套设备选择、施工原理、施工技术、施工综合管理等方面入手,根据近300个问答,对泥水盾构施工、盾构机及后配套设备维护保养中常见的问题逐一进行讲解。

本书既可作为大众了解泥水平衡盾构机及后配套设备的入门用书,也可作为盾构工程技术人员的工具书。

图书在版编目(CIP)数据

泥水盾构工程技术300问 / 胡锦华主编. —北京 : 人民交通出版社股份有限公司, 2021.8

ISBN 978-7-114-17405-6

Ⅰ.①泥… Ⅱ.①胡… Ⅲ.①城市铁路—隧道施工—盾构法—问题解答 Ⅳ.①U459.1-44

中国版本图书馆CIP数据核字(2021)第117424号

Nishui Dungou Gongcheng Jishu 300 Wen

书　　名: **泥水盾构工程技术300问**
著 作 者: 胡锦华
责任编辑: 袁　方
责任校对: 刘　芹
责任印制: 张　凯
出版发行: 人民交通出版社股份有限公司
地　　址: (100011)北京市朝阳区安定门外外馆斜街3号
网　　址: http://www.ccpcl.com.cn
销售电话: (010)59757973
总 经 销: 人民交通出版社股份有限公司发行部
经　　销: 各地新华书店
印　　刷: 北京虎彩文化传播有限公司
开　　本: 720×960　1/16
印　　张: 9.75
字　　数: 150千
版　　次: 2021年8月　第1版
印　　次: 2021年8月　第1次印刷
书　　号: ISBN 978-7-114-17405-6
定　　价: 65.00元
(有印刷、装订质量问题的图书由本公司负责调换)

本书编审委员会

主　编： 胡锦华

副主编： 葛执礼　周阳宗　杨公正　崔松涛　阎向林　于兴国

主　审： 吴煊鹏

编　委： 罗志坚　徐春光　董　宇　陈　影　解泓立　武慧韬　张　帅　晏超杰　陈　建　魏　聪

前 言
FOREWORD

随着国内基础设施建设的蓬勃发展，盾构施工在城市轨道交通、城际铁路、城市道路改造等领域飞速发展。泥水平衡盾构机作为盾构机的重要分类之一，以其安全、高效的特点，应用范围越来越广，在国内大直径尤其是超大直径盾构隧道施工领域逐渐成为主流。

新建新郑机场至郑州南站城际铁路项目位于郑州航空港区，连接新郑机场及郑州南站两大交通枢纽，是河南省城际铁路网的重要组成部分，是米字形高铁的重要联络通道。该项目建成后，对改善郑州航空港经济综合实验区交通条件、促进空铁联运、完善路网结构、进一步提升郑州综合交通枢纽地位等方面具有重要意义。本工程线路全长10.542km，设计速度目标值200km/h，总投资46.2亿元。项目盾构隧道全长3800m，采用国产首台12.81m双线大直径泥水平衡盾构机施工，主要穿越粉土、粉质黏土、钙质胶结地层，项目具有易结泥饼、易堵仓堵管、施工风险大等特点。

作为大直径泥水平衡盾构代表性工程，该项目在大直径泥水平衡盾构机研制与应用、大直径泥水平衡盾构机长距离粉质黏土层掘进、下穿建构筑物等方面具有典型特点和一定的普遍性，可为类似工程的设计、设备选型、项目施工提供借鉴。

本书共九章，第一章主要是泥水盾构施工基础内容；第二章主要是泥水盾构机结构与配置等问题；第三章主要是泥水制备与泥水处理系统；第四章主要是泥水盾构配套设备相关知识；第五章、第六章主要是泥水平衡盾构机始发、到达、掘进技术的相关问题；第七章主要是泥水盾构维护与保养的相关问题；第八章主要是泥水盾构管片制作与拼装的相关问答；第九章主要是泥水盾构施工管理的相关问答。

本书历时一年半时间，经历问题收集、章节梳理、编写、意见征求等几个阶段，最终定稿，其间得到行业内多位专家的指导与支持，在此表示感谢！

对于书稿内容的编写、整理、校正、完善，我们尽了最大努力，但由于篇幅较大、内容较多、水平有限，书中难免有疏误之处，敬请广大读者与业内专家与学者批评指正。

作　者

2021 年 5 月

目 录

CONTENTS

第一章　泥水盾构施工基础

第二章　泥水盾构机结构与配置

第四章　泥水盾构配套设备

第五章　泥水盾构始发与到达掘进技术

第六章 泥水盾构掘进技术

第七章　泥水盾构维护与保养

第九章　泥水盾构施工管理

参 考 文 献

第一章　泥水盾构施工基础

1. 盾构机主要分为哪几类？

答：

(1)按开挖面是否封闭划分,盾构机可分为密闭式和敞开式两类。

密闭式盾构机按平衡开挖面土压与水压的原理不同,可分为土压平衡式盾构机(常用泥土压式)和泥水平衡式盾构机(简称“泥水盾构机”)两种(图1-1、图1-2)。

图1-1　土压平衡式盾构机示意图

图1-2　泥水盾构机示意图

敞开式盾构机按开挖方式划分,可分为手掘式、网格式、半机械挖掘式和机械挖掘式四种(图1-3)。

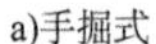

a)手掘式

b)网格式

c)半机械挖掘式

d)机械挖掘式

图 1-3　敞开式盾构机

(2)按盾构机的断面形状划分,盾构机可分为圆形盾构机和异形盾构机两类。其中异形盾构机主要有多圆形盾构机(图 1-4)、马蹄形盾构机和矩形盾构机(图 1-5)。

图 1-4　多圆形盾构机

图 1-5　矩形盾构机

2. 泥水盾构机如何工作?

答:泥水盾构机是在支撑环前面装置隔板的密封舱中,注入适当压力的泥浆,使其在开挖面形成泥膜,支撑正面土体,并由安装在刀盘上的刀具切削土体表层泥膜,与泥水混合后,形成高密度泥浆,由排浆泵及管道输送至地面处理,如图 1-6 所示。整个过程通过建立在地面中央控制室内的泥水平衡自动控制系统统一管理。

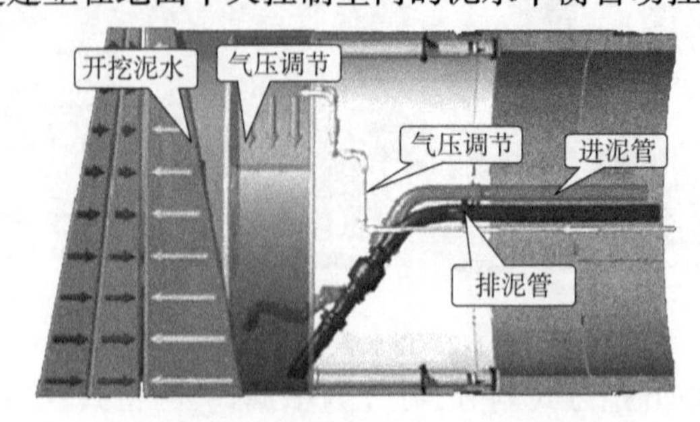

图 1-6　泥水盾构机工作原理

3. 什么是直接式泥水盾构机?

答:直接式泥水盾构机(图1-7)是一种能起到直接支护开挖面并提供维持平衡压力作用的泥水盾构机。

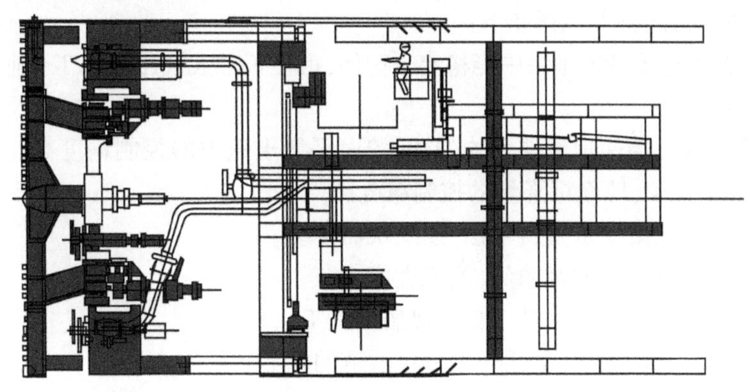

图1-7　直接式泥水盾构机示意图

4. 什么是气垫式泥水盾构机? 它怎样工作?

答:气垫式泥水盾构机是借助气垫来调整开挖室内封闭压力的一种泥水盾构(图1-8)。在开挖不稳定地层的过程中,使用一定压力的流体介质膨润土泥浆支撑、稳固隧道掌子面;通过控制气垫压力和泥浆与气垫界面的高程,实现对掌子面压力的控制,以达到对地层干扰小的目的;在盾构泥水室内,装有一道隔板,将泥水室分隔成两部分,在隔板前面充满压力泥浆,隔板后面在盾构轴线以上部分加入压缩空气,形成气垫。该装置的特点是对地层的扰动小、沉降小,适用于高地下水压,江底、河底、海底隧道施工,土质适用范围广,控制系统更为简单,对开挖面土层支护更稳定,对地表沉陷控制更方便。

图1-8　气垫式泥水盾构机示意图

5. 双模式盾构机有哪些特点?

答:双模式盾构机既具备土压平衡式盾构机掘进高效的特点,又能达到泥水盾构机沉降控制好的优点，保证其在复杂地层中盾构施工的安全、施工质量及施工进度。

6. 泥水盾构机有哪些特点？

答：

泥水盾构机的特点包括如下：

(1)在易发生流沙的地层中能稳定开挖面，可在正常大气压下施工作业，无须用气压法施工。

(2)泥水压力传递速度快而均匀，开挖面平衡土压力的控制精度高，对开挖面周边土体的干扰少，地面沉降量的控制精度高。

(3)盾构出土由泥水管道输送，速度快而连续。

(4)减少了电机车的运输量，施工进度快。

(5)刀具、刀盘磨损小，易于长距离盾构施工。

(6)刀盘所受扭矩小，更适合大直径隧道的施工。

(7)需要较大规模的泥水处理设备及设置泥水处理设备的场地。

7. 泥水盾构选型依据有哪些？

答：

泥水盾构选型依据包括如下：

(1)以开挖面稳定为核心，泥水盾构选型应在充分把握地层条件基础上进行。

(2)应考虑土的塑性流动性、土的渗透系数等。

(3)应考虑地下水的含量及水压，这往往要与土的塑性、流动性及透水性结合考虑。

(4)应视地层中有无砂砾。

(5)盾构施工对周围环境的影响。

8. 哪些地层泥水盾构施工比较困难？

答：在颗粒间空隙大、无黏聚力且灵敏度高的富水砂卵石地层以及断裂破碎带、软硬不均地层，泥水盾构施工比较困难。

9. 哪些地质条件适合泥水盾构施工？

答：

泥水盾构适用的具体地质情况包括如下：

(1)隧道上方有江、河、湖、海等大水体地层。

(2)由黏性土、砂性土、粉土等多层互层构成的地层。

(3)滞水砂层及其他松散地层。

(4)高水压层和高承压水地层。

(5)砾石直径不大但砾石数量多的地层。

泥水盾构适应地层示意图如图 1-9 所示。

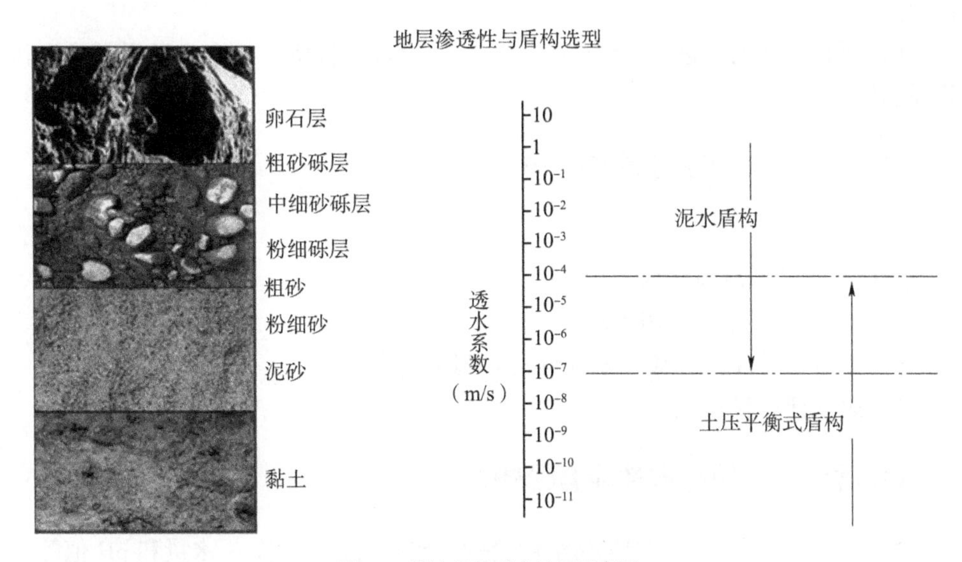

图 1-9　泥水盾构适应地层示意图

10. 泥水盾构控制压力精确吗?

答:泥水盾构是将一定浓度的泥浆,泵入泥水盾构的开挖仓中,随着刀盘切削下来的土渣和地下水顺刀槽流入开挖仓中,泥水室中的泥浆浓度和压力逐渐增大,并平衡于开挖面的泥土压和水压,在开挖面上形成泥膜或泥水压形成的渗透壁,使开挖面稳定,所以说泥水盾构控制压力精确。

11. 为什么穿越大江大河多选用泥水盾构施工?

答:因为穿越大江大河时有高压水复合地层,利用泥水盾构可以对泥浆指标进行有效控制,同时可以对添加剂和用量进行选择。根据不同的地层提出不同的泥浆配合比,在高水压复合地层下保证了掌子面泥膜的形成和泥水仓与气垫仓压力平衡，从而保证了开挖掌子面的稳定性。

12. 盾构泥浆的功能和用途是什么？

答：

(1)盾构泥浆的功能：依靠泥浆压力在开挖面形成泥膜或渗透区域，开挖面土体强度提高，同时泥浆压力平衡了开挖面土压和水压，达到了稳定开挖面的目的。

(2)盾构泥浆的用途：泥浆作为输送介质，担负着将所有挖出土砂运送到工作井外的任务。

13. 盾构泥浆的原材料有哪些？

答：

盾构泥浆的原材料包括：

(1)矿物类：膨润土、蒙脱土。

(2)高分子类：CMC(羧甲基纤维素)、制浆剂。

(3)表面活性材料：泡沫剂。

14. 盾构泥浆的基本性能有哪些？

答：盾构泥浆的基本性能包括浓度、黏度、屈服值、含砂率、析水量和 pH 值等。

15. 泥浆比重、黏度应如何测试？

答：

(1)泥浆比重。泥浆比重计由泥浆杯、横梁、游动砝码(简称“游码”)和支架组成，在横梁上有调重管和水平泡。

泥浆比重测量方法：①先在泥浆杯中装满清水，盖好杯盖，使多余清水从盖上小孔溢出，擦干泥浆杯周围的水珠，把游码移到刻度。如果水平泡位于中间，则仪器是准确的；如果水平泡不在中间，则可在调重管内取出或加入重物来调整。②倒出清水，擦干，将待测泥浆注入泥浆杯中，盖好杯盖，让多余的泥浆溢出，擦净泥浆杯周围的泥浆，移动游码使横梁呈水平状态(水平泡位于中间)。游码左侧所示刻度即泥浆比重。

(2)泥浆黏度。泥浆黏度计由量筒和漏斗组成。量筒由隔板分成两部分，大头为500mL，小头为200mL。漏斗下端是直径为5mm，长为100mm的管子。

泥浆黏度测量方法：①使漏斗呈竖直状态，用手握紧漏斗并用食指堵住流出口，然后用量筒两端分别装200mL和500mL泥浆，倒入漏斗。②将量筒500mL一端朝上放在漏斗下面，放开食指，同时启动秒表计时，记录流满500mL泥浆所需的时间，即可得到所测泥浆的黏度。

16. 如何调制高性能泥浆？

答：通常可利用高分子材料或膨润土调制泥浆，并利用废弃泥浆和高分子材料的不同配合比进行调制。

17. 带压换刀时对泥浆有什么要求？

答：

带压换刀时对泥浆的要求：

(1)泥浆指标推荐值：相对密度为1.08～1.15，黏度(马氏)为40～45s。

(2)进行带压换刀作业时，泥浆指标控制值：相对密度为1.08～1.15，黏度(马氏)>50s。

18. 带压换刀时对泥浆如何调制？

答：带压换刀时，使用纯膨润土材料进行制浆，且其不含石棉成分。

19. 泥水盾构掌子面水土压力如何计算？

答：泥水盾构掌子面水土压力随着土壤约束状况及支撑力的大小而变动。其中，水压力有盾构机顶部水压力和底部水压力，土压力有静止土压力、主动土压力和被动土压力。

20. 正常掘进情况下，在泥水盾构机掘进一环的时间内需完成的工作有哪些？

答：包括从地面到盾构机管片的转运与拼装、走台板的安装焊接、电瓶车轨道的铺设等工作。

21. 超大直径泥水盾构如何做到常压换刀?

答: 首先,要确保掌子面稳定,往前仓注入膨润土浆液,在法兰罐内(一个与外界联通的独立区域,与刀盘泥水仓高压区域隔离)作业人员对高压区域的刀具进行更换。其次,在正常掘进状态下,刀具伸出刀盘面板切削土体,当需要检查刀具磨损或换刀时,作业人员首先将待更换刀具所在刀臂转至刀盘中心正下方位置,通过配套的工装,将整个刀桶先抽离至闸板阀后面。最后,关闭闸板阀,隔绝泥水仓高压区域,再将刀桶整个抽出,进行刀具检查更换。

22. 简述常压刀盘常压换刀的步骤有哪些?

答: 当盾构机到达预定开仓位置后停止掘进,通过排浆泵排出半仓浆液,之后进行仓内气体检测,将开挖仓隔墙上的排气口通过管道延伸过气垫仓,打开排气阀,先用气体探测仪对仓内气体进行检测,气体探测仪所能检测的气体至少应包括甲烷(可燃性气体)、一氧化碳、氧气、硫化量。如仓内气体浓度超出规范要求,应立即进行通风。通风可利用盾构机自身的气路向刀盘内充入新鲜空气,也可通过外加风机向开挖仓隔墙上的通风口充入新鲜空气。当气体探测仪检测仓内气体合格后还需进行活体检测。操作方法是在排风口处放置对有毒有害气体敏感的活物,观察活体无异常反应,经安全工程师允许后才可进行开仓作业。作业人员用敲击扳手或气动扳手拆卸仓门螺栓,打开仓门,由地质工程师首先进仓检查开挖面的稳定情况,重点查看四周围岩的稳定性、完整性、地下水情况。经地质工程师判断开挖面地层稳定,允许常压开仓后,其他人员方可进仓进行后续作业。

23. 盾构法施工的优点(与矿山法施工相比)有哪些?

答:

与矿山法施工相比,盾构法施工的优点如下:

(1)出土量少,周围地层沉降小,对周围构筑物的影响小。

(2)不影响地面交通,不影响商店营业,无经济损失,无须切断、搬迁地下管线等各种地下设施。

(3)对周围居民生活出行影响小。

(4)无空气污染、噪声污染、振动污染问题。

(5)施工不受地形、地貌、江河水域等地表环境条件限制。

(6)适于大深度、大地下水压施工,相对而言施工成本低。

(7)施工不受天气(如风、雨等)条件限制。

(8)盾构法构筑的隧道抗震性更好。

(9)适用地层范围广,软土、砂卵石直至软岩均可适用。

(10)施工效率相对更高。

24. 盾构选型的主要原则有哪些?

答:

盾构选型时主要遵循下列原则:

(1)应对工程地质、水文地质有较强的适应性,首先要满足施工安全的要求。

(2)安全适应性、技术先进性、经济性相统一,在安全可靠的情况下,考虑技术先进性和经济合理性。

(3)满足隧道外径、长度、埋深、施工场地、周围环境等条件。

(4)满足质量、工期及环保要求。

(5)后配套设备的能力与主机配套,生产能力与主机掘进速度相匹配,同时具有施工安全、结构简单、布置合理和易于维护保养等特点。

(6)盾构制造商的知名度、业绩、信誉和技术服务。

根据以上原则,对盾构的形式及主要技术参数进行研究分析,以确保盾构法施工的安全、可靠,选择最佳的盾构施工方法和最适宜的盾构。盾构选型是盾构法施工的关键环节,直接影响着盾构隧道的施工安全、施工质量、施工工艺及施工成本。为保证工程的顺利完成,盾构选型工作应非常慎重。

25. 盾构机在不同地质条件下掘进时的刀具如何选择?

答:

各类刀具适用于哪种地质条件下掘进:

(1)滚刀:适用于硬岩、风化岩等地质比较硬的地层,通过盾构机的推进力,挤压岩层,起到碎岩的作用;较少用于软土地层,容易造成刀具的偏磨。

(2)中心齿刀:适用于软土、软岩掘进,可以增加刀盘中心部分的开口率。

(3)双刃齿刀:适用于软土、软岩掘进,其结构形式有利于渣土流动进入土仓。

(4)切刀：软土刀具，其斜面结构利于软土切削中的导渣作用，同时在岩层掘进中起刮渣作用。

(5)弧形刮刀：刀盘弧形周边软土刀具，斜面结构，利于渣土流动，同时在岩层掘进中起刮渣作用。

(6)中心鱼尾刀：安装在刀盘中心位置，主要进行超前掘进，结构形状利于在卵石层掘进。

(7)仿形刀：适用于局部开挖扩大断面，方便转弯和换刀。

第二章　泥水盾构机结构与配置

26. 泥水盾构机的工作原理是什么?

答: 泥水加压盾构施工原理就是在盾构的前部设一隔墙,并装设面板刀具和输送流体的泥浆管以及推动盾构的千斤顶,并在地面上设泥水分离的泥水处理工厂。通过向腔室内输送泥水,在作业面形成一个不透水的泥膜,通过这一泥膜,产生与作业面上的土压、水压相抗衡的泥水压,以保持作业面的稳定。同时,开挖的土渣、泥水流体排至地面,通过泥水处理装置,将土粒与泥水分开,分离后所剩的泥水,进行质量调整后,再输送到作业面进行循环。

当泥水室内的泥水压力大于地层压力和水压力时,地表将会隆起;当泥水室内的泥水压力小于地层压力和水压力时,地表将会下沉。因此,泥水室内的泥水压力应与地层压力和土压力平衡。合理地调整掘进速度,保证工作面压力与地层土压力及地下水压力的平衡是掘进成功的关键。

27. 大直径泥水盾构中常压刀盘的选型依据有哪些?

答: 大直径泥水盾构中常压刀盘的选型依据包括刀盘形式、刀盘开口率、驱动形式、支撑形式、最大转速与扭矩、刀盘开挖直径以及刀盘上刀具的具体配置。

28. 常压刀盘的特点有哪些?

答: 常压刀盘背部设置主动搅拌棒、开口大、采取了耐磨措施。

29. 泥水加压盾构机开挖仓与气垫仓的作用分别是什么?

答: 泥水加压盾构机开挖仓的压力平衡主要是通过 Samson 气动控制系统进行控制,可以保证对掌子面压力平衡,有效控制地面沉降。

泥水加压盾构机气垫仓可根据开挖仓的压力实现加压、泄压,保障施工安全。

30. 平衡管路有哪些类型?

答: 平衡管路有内置、外置两种类型。

31. 平衡管路的工作原理是什么？

答：平衡管路是用于连接开挖仓与气垫仓的管路，管路的一端位于开挖仓顶部，另一端位于气垫仓中上部。当管路中间的阀组开启时，气垫仓与开挖仓连通，实现压力连通平衡。当管路中间的阀组关闭时，气垫仓与开挖仓不相通，可通过Samson系统和仓内泥浆实现开挖仓与气垫仓的压力控制。

32. 为什么泥水平衡式盾构机要安装平衡管？它和安全阀的作用有何异同？

答：

(1)平衡管可用于对盾构机仓内压力进行调节。

(2)平衡管可以随时对开挖仓和气垫仓压力进行调节，而安全阀只有压力达到最大时才能调节。

33. 真空吸盘抓举与机械式抓举机构的区别有哪些？

答：与传统的机械式抓取管片方式相比，采用真空吸盘式抓取管片具有抓取速度快、承载能力强及可靠性高等特点，真空吸盘装置科技含量高、制造工艺复杂。

34. 碎石机与搅拌器选用原则是什么？

答：

碎石机与搅拌器应遵循以下选用原则：

(1)碎石机适用于地层土质质地较硬的卵石或岩石类地层，将刀盘切削下来的大块击碎，以方便从管路挟带出渣块。

(2)搅拌器适用于各类黏土与砂土地层，将刀盘切削下来的土砂，通过搅拌器的转动带动起来防止渣土沉淀，再通过环流从管路挟带出渣块。

35. 泥浆门使用需要注意哪些事项？

答：需要注意泥浆门的密封性，时常利用反冲洗装置对泥浆门进行冲洗，避免堵塞造成泥浆管爆管。

36. 泥浆门有哪些类型?

答:泥浆门分为内置式与外置式两种类型。

37. 泥浆门分为哪几种? 各有什么特点?

答:泥浆门可分为内置式和外置式。内置式泥浆门当需要关闭时,伸出液压油缸,使门板顶紧压紧块,从而使门板与前隔板贴合,贴合后气囊密封充气,密封唇伸出后可防止泥水仓浆液进入气垫仓。外置式泥浆门则依靠开挖仓水土压力对泥浆门施加背压,使其与门框密封更紧密,因此外置式密封性优于内置式。外置泥浆门在开启时,整个门板在前隔板之后,浆液从泥水仓流动到气垫仓时,不会对门板造成较大的冲击和磨损,因而门板的耐用性也较内置式泥浆门更好。

38. 泥浆门的主要作用是什么?

答:泥浆门布置在泥水仓和气垫仓之间的隔板底部,其主要作用是通过泥浆门的关闭,将气垫仓和泥水仓隔离,使作业人员能在常压下进入气垫仓,在气垫仓里进行维修或检查等作业。

39. 泥水仓与开挖仓设备管线的保护需要注意什么?

答:

泥水仓与开挖仓设备管线的保护需要注意以下两点:

(1)设备管线要绑扎牢固,避免被切削的土体大块掉落砸坏。

(2)需要在接头处涂玻璃胶进行防水处理。

40. 泥水盾构机绳式液位传感的作用是什么? 使用时需要注意什么?

答:泥水盾构机绳式液位传感可以准确显示仓内液位。使用时需要注意经常冲洗,避免被泥土黏住而无法观察液位。

41. 点式压力传感器的作用是什么?

答:点式压力传感器用于检测开挖仓与气垫仓不同位置区域的压力情况,以便更准确地判断仓内情况。

42. 泥水环流的原理是什么?

答:进浆泵将膨润土泥浆从泥水处理站泵入掌子面,掌子面存在一定工作压力,使膨润土泥浆渗入到土颗粒间的缝隙里,形成一层泥膜,起到稳定土层和改善地层渗水性的作用。刀盘切削下来的渣土在开挖室与浆液混合,通过排浆管道排出,送到泥水处理站后将渣土与泥浆分离,并实现泥浆循环利用。

43. 如何设计泥水冲刷管路?

答:在开挖仓及气垫仓的不同位置布置多个高压冲洗口,通过气动球阀控制管路通断来不停地冲洗刀盘,提高出渣效率,防止结泥饼。泵冲刷管路示意图如图2-1所示,高压冲洗管路与增压泵如图2-2所示。

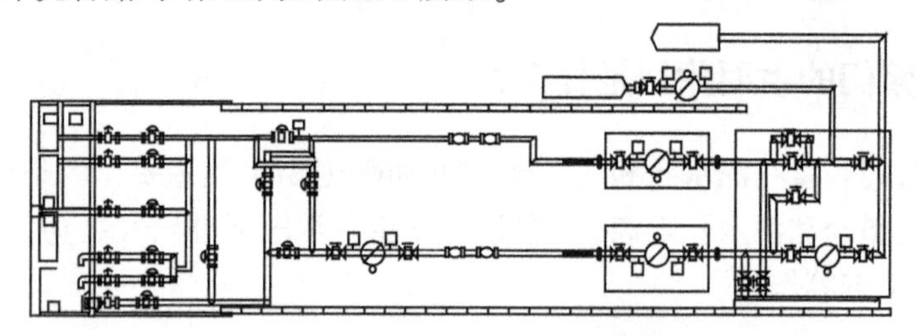

图2-1 P0.1、P0.2泵冲刷管路示意图

图2-2 高压冲洗管路与增压泵

44. 反冲洗装置与逆洗在什么情况下使用?

答:当仓内积渣过多且不易出渣时,应使用反向冲洗装置与逆洗,这样有利于出渣,使仓内压力稳定。反冲洗模式示意如图2-3所示。

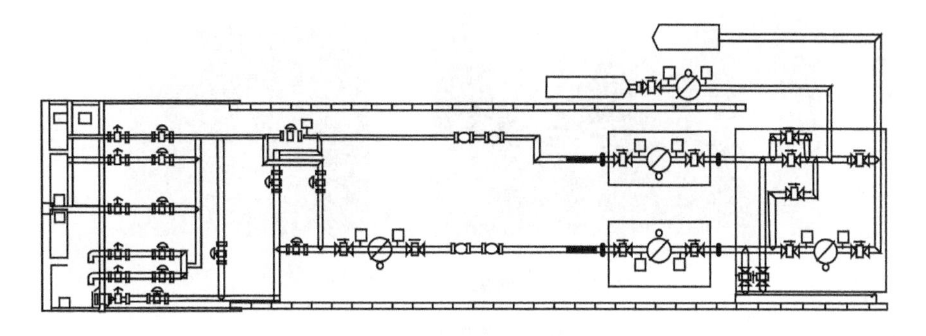

图 2-3 反冲洗模式示意图

45. 冷干机的作用是什么？为什么要配置冷干机？

答：

（1）冷干机的作用以除水为主，除油为辅，把冷却空气，使水汽冷凝而排除。

（2）压缩空气通过冷干机进入储气罐，可保证 Samson 气动控制系统接触空气的干燥性，延长保压系统的使用寿命，提高仓内压力的稳定性与灵敏性。

46. 管路延伸机构有哪几种形式？

答：

管路延伸装置有两种形式：

（1）伸缩套管式。伸缩套管式不适用于小曲线掘进，且加工难度大。

（2）U 形管式（软管式）。U 形管式（软管式）适用于小曲线掘进，加工相对简单，因此适用范围更广。两种管路延伸装置如图 2-4 所示。

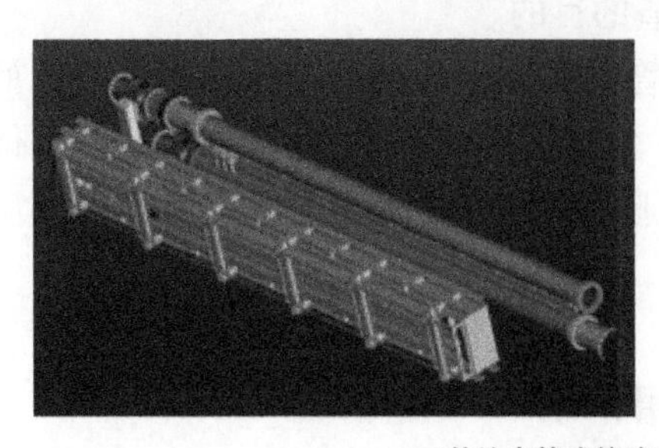

a)伸缩套管式管路延伸装置

图 2-4

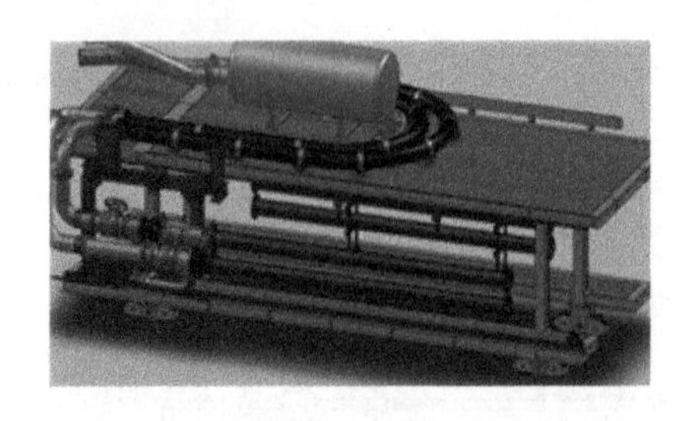

b)U形管式（软管式）管路延伸装置

图 2-4 管路延伸装置

47. 在管路延伸模式下有哪些注意事项?

答:时常观察管路托架是否起到支撑管路与行走作用;注意导向轮与行走轮是否偏离轨道以及减速机与链轮链条的正常使用。

48. 泥浆收纳箱的作用是什么?

答:泥浆收纳箱的作用是将隧道泥浆抽入收纳箱,通过排污泵排出隧道。

49. 泥浆环流系统和同步注浆系统的作用是什么?

答:

(1)泥浆环流系统是利用管道输送渣浆的系统,它主要利用泥浆的流动带走盾构机切削下来的渣土,达到盾构机出渣的目的。

(2)同步注浆系统为通过同步注浆管路在刀盘切削的洞径与管片之间的间隙处注入同步浆液,支撑管片周围岩体,有效控制地面沉降;使管片与周围岩体一体化,限制隧道结构,确保隧道最终稳定;除此之外,它还能形成隧道的第一层防水层,增加盾构隧道的防水能力。

50. 落石箱(采石箱)有什么作用?

答:使得大块砾石、黏土等停留在落石箱,有利于渣土的排出。落石箱示意图如图 2-5 所示。

图 2-5　落石箱示意图

51. 采石箱格栅大小与形状如何选择?

答:采石箱设置在排浆管路 P2.1 泵进口端,其格栅种类一般有垂直格栅、水平格栅及网格格栅。垂直格栅应用较广泛,对应垂直格栅采石箱设置一般较大;水平格栅适合应用于黏度较小、硬度较大的地质状况;网格格栅一般应用于进出洞及穿越加固区阶段,防止加固体破除后大块掉落,对排浆泵造成冲击。根据地质硬黏度的不同,格栅孔的大小应该适当增减。格栅孔大小受排浆泵通过粒径的影响,因此采石箱需过滤掉排浆浆液中直径大于排浆泵最大通过粒径的石块,格栅的大小设置应小于排浆泵允许通过渣块的最大直径。

52. 刀盘及刀具磨损有哪几种形式?

答:刀盘及刀具磨损有磨料磨损、黏着磨损、冲蚀磨损、表面疲劳磨损以及磨蚀磨损等形式。

(1)磨料磨损:是指通过粗硬表面把较软的工作表面划伤,或者工作表面受外界硬粒划伤。

(2)黏着磨损:当两个固体材料相互接触时,两个表面发生黏着,而黏着表面相对滑动时,黏合点被剪断,便发生黏着磨损。

(3)冲蚀磨损:是指零件表面受到固体、液体、气体中微粒冲击,使材料表面流失的现象。

(4)表面疲劳磨损:当接触面受到周期性的接触荷载时,使表面疲劳而产生裂纹,最后导致材料剥落和损耗。

(5)腐蚀磨损:当摩擦副表面在腐蚀性介质中发生化学反应时,生成黏附不牢的腐蚀产物,在摩擦过程中被剥落,露出新表面又被腐蚀、剥落的反复过程。

53. 大直径泥水盾构高压冲刷装置由什么构成?

答:大直径泥水盾构高压冲刷装置,包括储水罐和第一增压泵组。第一增压泵组由数个串联的第一增压泵组成,第一增压泵组的进口连接水泵,出口安装高压管道,高压管道有两个出口,均与储水罐相通;储水罐设置四个出口,每个出口均安装一个支管,支管与盾构机的气垫仓相通,冲洗至气垫仓与开挖仓联通处的格栅处。

54. 泥水仓冲刷管路设计的目的是什么?

答:通过冲刷管路对仓内堆积的渣土进行冲洗,可更好地形成环流效应,从而使渣土更快、更好地排出。

55. 开挖仓高压水冲刷管路的作用是什么?

答:利用储水罐和增压泵,通过高压管路使高压水流对前闸门附近泥土进行冲刷,从而降低泥浆挟渣输出的阻碍性。

56. 泥水盾构机的主要部件有哪些?

答:泥水盾构机的主要部件有主驱动、推进油缸、管片拼装机、管片吊机、进浆泵、排浆泵等。

57. 泥水盾构机后配套系统有哪些?

答:泥水盾构机后配套系统有轨道运输设备、二次运输设备、垂直提升设备、砂浆搅拌设备、通风设备、供电系统、供水系统、排污系统、二次注浆设备。

58. 泥水盾构设计要点有哪些?

答:泥水盾构设计要点有刀盘开口、泥浆冲洗管路、高压冲洗、管片运输设备以及台车的管路走向。

59. 周末模式的作用原理是什么?

答:周末模式是自动控制的。开启周末模式时所有泵都停止运转。开挖面压力由压缩气回路来控制。当气垫仓泥浆液位低于预定的低限时,便进行校正。

60. 隧道掘进激光导向系统的主要部件及工作原理是什么?

答:

(1)隧道掘进激光导向系统的主要部件有激光经纬仪、带有棱镜的激光靶、黄盒子、控制盒和隧道掘进激光导向系统用电脑。

(2)工作原理。

激光经纬仪临时固定在安装好的管片上,随着盾构机的不断向前掘进,激光经纬仪也要不断地向前移动,称为移站。激光靶则被固定在中盾的双室气闸上。激光经纬仪发射出激光束照射在激光靶上,激光靶可以判定激光的入射角及折射角。另外,激光靶内还有测倾仪,用于测量盾构机的滚动和倾斜角度,再根据激光经纬仪与激光靶之间的距离及各相关点的坐标等数据,隧道掘进激光导向系统就可以计算出当前盾构机轴线的准确位置。控制盒用于组织隧道掘进激光导向系统电脑与激光经纬仪和激光靶之间的联络,并向黄盒子和激光靶供电。黄盒子用于向激光经纬仪供电并传输数据。隧道掘进激光导向系统电脑则将该系统获得的所有数据进行综合、计算和评估。所得结果以图形或数字的形式被显示在显示屏上(图 2-6)。

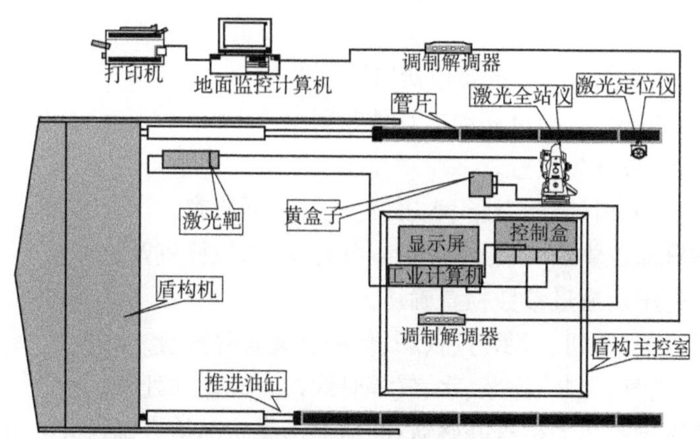

图 2-6　隧道掘进激光导向系统示意图

61. 滚刀装配时的几个关键装配环节是什么?

答:

滚刀装配时特别要注意以下关键环节:

(1)刀圈的更换。在更换刀圈时,要注意清洁刀体安装面和刀圈安装面,并检查配合的过盈量,要符合设计要求;刀圈的加热温度要控制好,温度过低刀圈涨量不够装配困难,温度过高冷却后刀圈收缩量大容易断裂。

(2)合理确定轴承内套隔圈的宽度。刀具在装配过程中其轴承内套隔圈的宽度尺寸是非常关键的,过宽则无法调整轴承的预紧力和滚刀启动扭矩达到合适的要求,轴承容易串动,无法正常工作;过窄则容易使轴承的预紧力过大,刀具使用中轴承容易抱死不转动,使刀圈偏磨。

(3)浮动密封的装配和试验。装配时要特别仔细检查浮动密封的结合面,不能有任何的划伤缺陷存在,进行压力试验后才能装配,这是因为浮动密封在使用中是金属面对金属面滑动摩擦,全靠刀具内部罐装的润滑油形成油膜进行润滑,一旦浮动密封面有划伤存在,润滑油会很快漏掉,造成轴承和浮动密封干摩擦,刀具则会很快失效报废。

(4)滚刀启动扭矩的调整。滚刀的启动扭矩对刀具的影响是比较大的,装配时要根据地层条件调整启动扭矩,一定要满足要求。启动扭矩一般用扭力扳手测定。

62.盾构机日常维护与保养的主要工作有哪些?

答:

盾构机日常维护与保养主要包括以下工作:

(1)各部位的螺栓、螺母松动检查并紧固。

(2)异常噪声、发热检查。

(3)液压油、润滑油、润滑脂、水、气的异常泄漏检查。

(4)各润滑部位供油、供脂情况检查并补充;油位检查及补充。

(5)电源电压及掘进参数检查确认。

(6)电气开关、按钮、指示灯、仪表、传感器检查并处置。

(7)液压、电气、泥浆、注浆、水、气等管线检查确认并处置。

(8)安全阀设定压力检查并确认;滤清器污染状况检查确认并处置。

(9)铰接密封是否漏气、漏浆,必要时可以调整压板螺钉以缩小间隙。

(10)盾尾密封情况。

(11)推进油缸靴板与管片的接触情况。

第三章　泥水制备与泥水处理系统

63. 泥水平衡的原理是什么？

答：泥水平衡的原理是利用泥水压力对工作面上水压力发挥平衡的作用以求得稳定。泥水压力主要是在掘进中起支护作用，工作面上的任何一点的泥水压力总是要大于地下水压力，从而形成一个向外水力梯度，这是保持工作面稳定的基本条件。泥水平衡的原理示意图如图 3-1 所示。

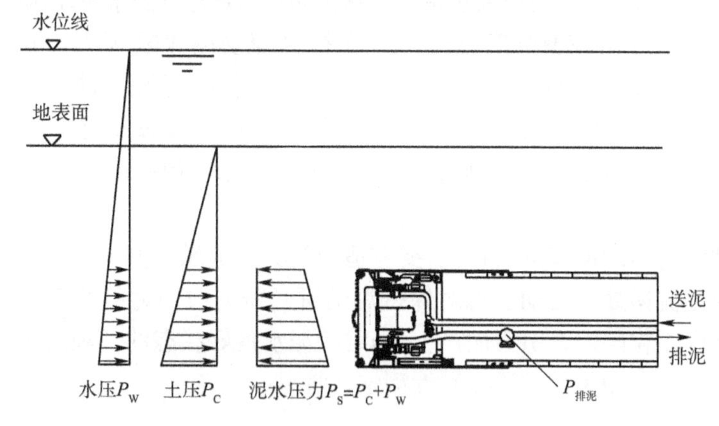

图 3-1　泥水平衡的原理示意图

64. 泥水的作用是什么？

答：

泥水式盾构掘进时，泥水有两个重要作用：

(1) 及时向开挖面密闭仓提供掘进施工需求的泥浆，用优质膨润土配制的泥浆的比重、黏度等技术指标，必须满足在高透水砂层中形成泥膜和稳定开挖面的要求。

(2) 及时把切削土砂形成的混合泥浆输送到地面进行分离和处理，再将回收的泥浆调整利用。

65. 泥水的性能指标有哪些？

答：泥水的性能指标包括浓度、黏度、屈服值、含砂率、析水量和 pH 值等。

66. 泥水的性能指标及检测方法有哪些?

答:

(1)浓度。

泥水的浓度是一个主要控制指标。在掘进中进泥浓度不易过高或过低。过高将影响泥水的输送能力,降低掘进速度;过低则不利于开挖面的稳定。

泥水的浓度范围应控制在 $1.1 \sim 1.3g/cm^3$。通过设置在送/排泥管处的差压式密度计和 γ 射线密度计自动测量循环泥浆浓度。泥浆试验中用泥浆天平测量。

(2)黏度。

泥水的黏度是另一个主要控制指标。从土颗粒的悬浮性要求及泥水处理系统的配套来讲,要求泥水的胶凝强度(静切力)适中;从流动性考虑,运动黏度不宜过高。考虑到泥水处理系统的自造浆能力,随着在黏土层中推进环数的增加,泥浆的浓度也呈直线上升,其相应的漏斗黏度也会上升,但并非说明泥浆的质量越来越高。若在砂性土中施工,黏度甚至会下降,因此,泥水黏度的范围应保持在 20 ~ 30s。

(3)屈服值。

考虑到开挖面的泥膜形成特性,要有适当的宾汉姆屈服值。

屈服值是流体处于流动状态对保持流动所必需的剪切力的测定值,流动阻抗由泥水中所含土粒间的牵引力而产生,是维持泥水良好状态的一项重要指标,通常用与屈服值有一定相关性的漏斗黏性测定代替。

(4)含砂率。

透水系数大的岩土体,泥浆中的砂粒对岩土体孔隙有堵塞作用,故泥膜形成与泥浆中砂的粒径及含量有很大关系。含砂量既可用筛分装置测定,也可用砂量仪代测。

泥水处理的目的是保留有用的黏土颗粒,去除 75μm 以上的大部分砂颗粒及 45μm 以上的部分粉土颗粒。这样可形成适当的固相颗粒级配,有利于开挖面形成泥膜。因此,在泥水处理中,工作泥浆中的含砂量控制同样是一个重要的性能指标。

(5)析水量和 pH 值。

析水量和 pH 值是泥水处理中的一项综合指标,它们在更大程度上与泥水的黏度有关,悬浮性好的泥浆说明析水量小,反之说明析水量大。

泥水的析水量须小于 15%,pH 值需呈碱性,降低含砂量、提高泥浆的黏度、在析浆槽中添加纯碱是保证析水量合格的主要手段。

在砂性、粉砂性土中掘进时,由于工作泥浆不断地被劣化,就需要不断地调整泥水的各项参数,添加黏土、膨润土、CMC;在黏土、淤泥质黏土中掘进时,由于黏性颗粒不断增加,使排放的泥浆浓度越来越高,采用高速离心机分离细颗粒与添加清水进行稀释则成为主要手段。

67. 泥浆应如何配制?

答:选用不同膨水比的膨润土泥浆搅拌均匀,放置阴凉处24h进行膨化,然后与其他添加剂混合搅拌均匀、测试基本性质、泥浆密度和漏斗黏度。在施工过程中,现场须配备试验室,每一环推进前要测试调整槽内工作泥浆的指标,及时调整至满足施工要求为止,并做好记录,持续100环后,即可得出泥水指标的变化趋势,在指导配比的基础上再作大的调整,因此泥水监控是一个动态变化过程。检验配比是否合理的标准是开挖面稳定情况、流体输送状态及地面沉降量,这些得到控制后就要注意泥水指标的变化趋势,使之稳定在某一区域内。

68. 泥水系统的组成有哪些?

答:泥水系统主要由造浆分系统、输送分系统、处理分系统和泥水监控系统四大部分组成。

69. 泥水调制系统的组成有哪些?

答:泥水调制系统由膨润土溶解池、黏土溶解池、新浆配制池组成。如图3-2所示。

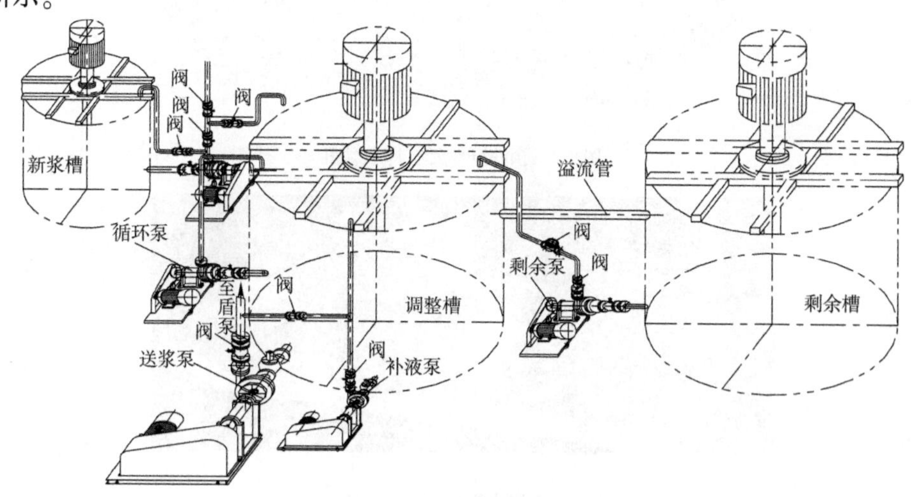

图3-2　调制分配系统示意图

70. 泥水环流系统的组成有哪些?

答:泥水环流系统由沉淀池、旋流器、清洁器、泥浆槽、调整槽、黏土溶解槽、清水槽等组成。由盾构排出的泥浆首先进入沉淀池沉淀,有一部分进入旋流器和清洁器除沙,然后进入泥浆槽,再由泥浆槽进入调整槽;在调整槽内,加入由清水槽注入的清水和由黏土溶解槽注入的膨润土与CMC;最后由送浆管送入盾构泥水仓。泥水盾构是通过加压泥水来稳定开挖面,其刀盘后面有一个密封隔板,与开挖面之间形成泥水仓;泥水仓里面充满了泥浆,开挖土渣与泥浆混合由排浆泵输送至地面的泥水分离站,经盾构泥水分离系统进入泥浆调整池进行泥水形状调整后,由送泥泵将泥水送往盾构的泥水仓重复使用。

71. 泥水筛分系统的组成有哪些?

答:泥水筛分系统由监控室、预筛、脱水筛、压滤机和沉淀池等组成。预筛分单元结构示意图如图3-3所示,脱水筛单元结构示意图如图3-4所示。

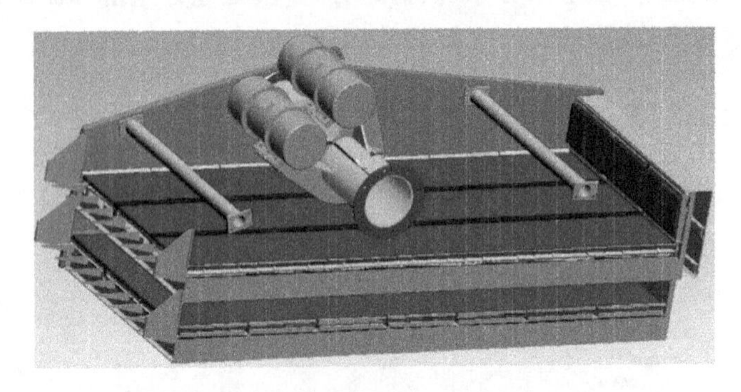

图3-3 预筛分单元结构示意图

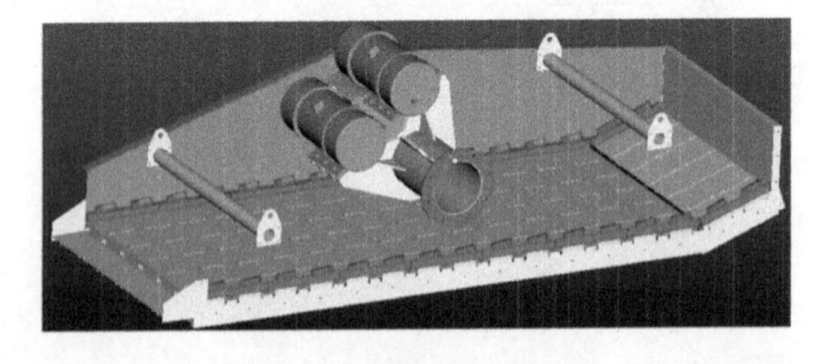

图3-4 脱水筛单元结构示意图

72. 哪些外加剂可以防止刀盘在黏土层中结泥饼?

答:向泥浆或开挖仓中添加改良剂(或泡沫剂),可有效减少刀盘在黏土层中结泥饼的概率或程度。

73. 黏土地层中为什么要注意泥浆的比重?

答:黏土地层渗透系数小,地层有较强的自造浆的能力,但泥浆的比重不好控制,泥浆中多余的渣土颗粒粒径较小,不容易被设备分离出去,因此要注意泥浆的比重。

74. 泥浆制备的材料有哪些? 分别起什么作用?

答:泥浆制备的材料有黏土、膨润土、CMS(羧甲基淀粉)、纯碱(碳酸钠)等,黏土、膨润土有着增强泥浆流动性和快速成模的作用。

膨润土的作用是提高泥水的黏度、比重、悬浮性、触变性;CMS(羧甲基淀粉)的作用是降低失水率、增加黏度;纯碱(碳酸钠)的作用是调节 pH 值、分散泥水颗粒。

75. 剪切泵的作用和工作原理是什么?

答:

(1)剪切泵的作用:剪切泵是一种专门用于剪切聚合物和膨润土,且已被理论证实和现场使用有效的机械。剪切泵能为高分子聚合物(或黏土)迅速水合提供高度的剪切,解决聚合物(或黏土)在钻井液中或完井液中因水合不好而存在的突出问题。同时,使用剪切泵能使聚合物用量减少 15% 以上,膨润土用量减少 30% 以上,并且改善了泥饼和液流损失,降低了钻井液剪切比速率,提高了凝胶强度,达到了国外同类产品的先进水平,其轴封结构更可靠,具有优良的性能,使用维护更方便。

(2)剪切泵的工作原理:剪切泵的吸入与排出工作过程与离心泵相似,不同之处是在配置泥浆时,经过叶轮的高速旋转,钻井液在 4 个漏斗中加压,通过 44 个喷嘴喷射出的液流和叶片甩出的液流进行 90°撞击,使聚合物和膨润土被不断地剪切、细化、混合,加快聚合物或膨润土颗粒的分散,节约水化时间,提高添加剂的溶解速率,快速达到泥浆所需的流变性能。

剪切泵实物图及结构简图如图 3-5 所示。

a)

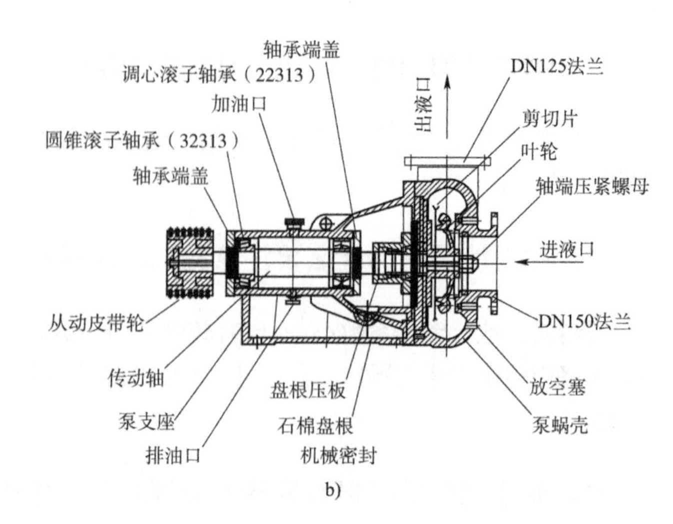

b)

图 3-5　剪切泵实物图及结构简图

76. 振动筛的角度对筛分有什么影响?

答:振动筛的角度过大则不能起到有效分离泥浆的作用,角度过小则渣土在筛面停留时间过长,影响筛分效率。

77. 旋流器如何选择(旋流器角度与底流浓度、旋流器角度与处理能力)?

答:旋流器的底流口直径与溢流口直径的比值、锥比的大小决定不同物料分离难易程度的分离效果,难分离物料应采用小锥比,即缩小底流口。角度越大则底流浓度则越大。

广泛应用的旋流器技术中,其结构为圆筒形或为圆筒圆锥形。对于任何一种结构来说,旋流器的容积主要取决于旋流器的圆柱尺寸,该尺寸既决定了旋流器的处理量,也决定了旋流器的分选效率。因为合理的圆筒段长度是保证被选物料在旋流器内有足够的分选时间的重要参数。根据圆柱圆锥形重介质旋流器的试验表明,当锥角固定时,圆柱长度在某一范围内的增长,能够提高被选物料的实际分选密度,效果也得到改善。当圆柱部分过短时,会缩短分选时间,同时会造成液流的不稳定,使效率降低;当圆柱部分过长时,会造成后续动力不足而使分选效果变坏。

旋流器工作原理示意图如图 3-6 所示。

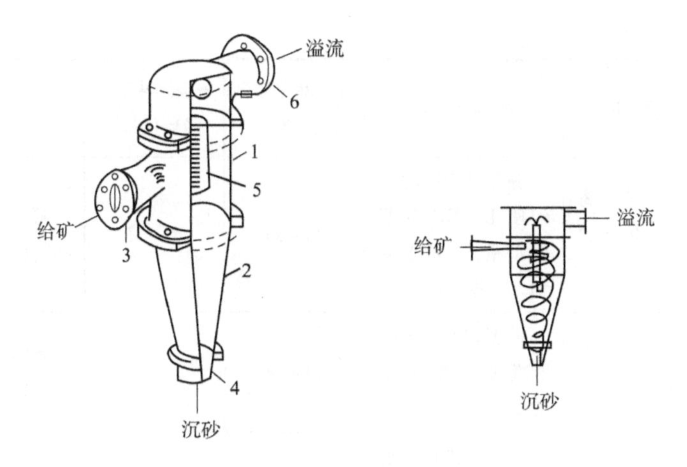

图 3-6　旋流器工作原理示意图

1-圆柱体壳;2-圆锥体壳;3-给矿管口;4-沉砂排出嘴;5-溢流管;6-溢流排出管口

78. 不同地层泥浆指标如何选择?

答:各种地层泥浆指标参数见表 3-1。

各类地层泥浆指标参数　　表 3-1

序号	地层条件	泥浆性质	日本漏斗黏度经验值(s)	中国漏斗黏度经验值(s)	泥浆配合比
1	$N>0\sim2$ 软弱的黏土粉土层	泥浆效果不能充分发挥,需增加水不能侵入的性能	100 以上	64 以上	用高浓度、高黏性的泥浆
2	$2\sim5<N$ 的黏土层	一般不需要特别的泥浆,也用清水	20 ~ 30	18 ~ 27	膨润土浓度 4% ~ 5%;掺少量 CMC
3	N 值较高全部是黏土或粉土	保持最低的黏度和脱水量,而黏土或粉土不会被冲洗的程度	25 ~ 33	23 ~ 29	膨润土浓度 5% ~ 6%;掺少量 CMC
4	黏土层中含有较多的砾石层,含砂量较多,但坍塌的可能性小	黏度可以低些,但要有较小的脱水量和较大的去复值	28 ~ 35	25 ~ 31	膨润土浓度 6% ~ 8%;掺少量 CMC

续上表

序号	地层条件	泥浆性质	日本漏斗黏度经验值(s)	中国漏斗黏度经验值(s)	泥浆配合比
5	全部是*N*值较高的砂层和粉土的互层	黏度不用过高，但使用CMC调节脱水量，使屈服值稍大一些	28~35	25~31	膨润土浓度6%~8%；掺少量CMC
6	一般的粉土层，含砂粉土层	黏度、胶凝强度和脱水量都不用过高	30~38	27~33	膨润土浓度7%~8%；掺加CMC
7	全部是*N*较高的细砂-粗砂层	胶凝强度和脱水量都不用过高，黏度不要过低	32~38	29~33	膨润土浓度7%~9%；掺加CMC
8	一般砂层	黏度、胶凝强度和脱水量都用标准值，泥膜既薄又结实	35~50	31~40	膨润土浓度8%~10%；掺加CMC
9	*N*值略低的砂层	黏度有稍高，使地层不被冲刷。使用高黏度的泥浆，降低脱水量	40~60	34~45	膨润土浓度8%~10%；掺加CMC
10	全部地层*N*值较低，黏土质粉土较多	膨润土浓度较低，增多CMC，防止地层被冲刷	40~50	34~40	膨润土浓度7%~9%；掺加CMC
11	砂砾层	膨润土浓度较高，用CMC降低脱水量	45~80	37~54	膨润土浓度8%~10%；掺加稍多的CMC
12	有地下水流出(承压地下水，漏失泥浆)预计地层有坍塌	增大泥浆的比重和掺加防漏剂，以提高其黏度	80以上	54以上	膨润土浓度10%~12%；掺加稍多的CMC、堵漏剂等

79. 振动筛起振方法有哪几种?

答:振动筛起振方法分为机械式和通过偏心块带动产生离心力起振。工作时，在激振力作用下，振动筛做运动轨迹为直线的简谐振动或运动轨迹为圆形的振动。

80. 激振力如何调整？

答：振动筛的振幅是由偏心式振动器决定的，可以通过调整主副偏心块的夹角来调整激振力。夹角变小，激振力变大，振幅变大；反之，夹角变大，激振力变小，振幅变小。对轴偏心式振动器，可以增减配重飞轮和带轮上的配重块，以增减振动筛的振幅。

81. 筛分单元管路设计应注意什么？

答：筛分单元管路设计应注意泥浆的流动性、防堵性、便于疏通和流量大小。

82. 如何防止振动筛跑浆？

答：通过调节筛面角度增大泥浆在筛面上的通过速度防止振动筛跑浆。

83. 剩余池搅拌器有哪几种选择？其特点是什么？

答：剩余池搅拌器有旋桨式、涡轮式、桨式和液涡轮式搅拌器四种。

(1)旋桨式搅拌器：由2~3片推进式螺旋桨叶构成，工作转速较高，叶片旋桨式搅拌器外缘的圆周速度一般为5~15m/s。旋桨式搅拌器主要造成轴向液流，产生较大的循环量，适用于搅拌低黏度(<2Pa·s)液体、乳浊液及固体微粒含量低于10%的悬浮液。搅拌器的转轴也可水平或斜向插入槽内，此时液流的循环回路不对称，可增加湍动，防止液面凹陷。

(2)涡轮式搅拌器：由在水平圆盘上安装2~4片平直的或弯曲叶片所构成。

(3)桨式搅拌器：有平桨式和斜桨式搅拌器两种。其中，平桨式搅拌器由两片平直桨叶构成。桨叶直径与高度之比为4~10，圆周速度为1.5~3m/s。

(4)液涡轮式搅拌器：桨叶的外径、宽度与高度的比例，一般为20:5:4，圆周速度一般为3~8m/s。涡轮在旋转时造成高度湍动的径向流动，适用于气体及不互溶液体的分散和液相反应过程。被搅拌液体的黏度一般不超过25Pa·s。

84. 泥水分离系统有哪几种使用模式？分别适用什么情况？

答：泥水分离系统主要有旋流式和晾干式泥水分离系统两种。旋流式泥水分离系统适用于场地较小时;晾干式泥水分离系统对场地面积的求较高。

85. 如何提高预筛处理能力(双层筛板)?

答:在不跑浆的情况下可通过加大激振力、增加设备角度、增加筛板的开孔率来提高预筛处理能力。

86. 黏土层掘进时如何保持筛板空隙不被黏土堵塞?

答:黏土层掘进时可通过加水来改变泥浆黏稠度、加大激震力,以保持筛板空隙不被黏土堵塞。

87. 盾构始发掘进时如何处理筛板上的玻璃纤维筋与油脂?

答:盾构始发掘进时产生的玻璃纤维筋极易卡在筛孔中,油脂也极易黏附在筛板上,目前施工工艺还无法有效解决这一施工难题,仅能靠人工清理,但是在始发掘进时,可以通过仅开预筛以减少人工清理的工作量。

88. 沉淀池设计应注意事项有哪些?

答:沉淀系统包括支撑架、多级沉降装置和污泥输送装置。其中,多级沉降装置安装在支撑架的上端,污泥输送装置安装于多级沉降装置的出水口的下方;多级沉降装置包括至少 2 个依次连通的沉淀池,多级沉降装置的入口与污水泵连接,使用完毕后,将多级沉淀装置中的污泥用水冲出,通过污泥输送装置输送到设定位置。沉淀处理平面布置示例图如图 3-7 所示。

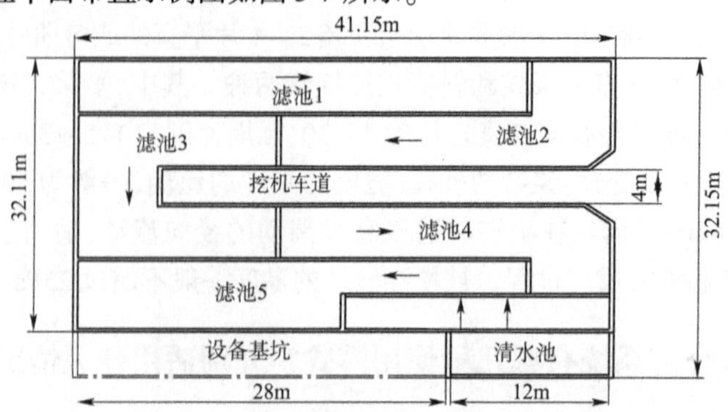

图 3-7　沉淀处理平面布置示例图

89. 膨润土的作用及选用的原则是什么?

答:

(1)有机膨润土是一种无机矿物或有机铵复合物,以膨润土为原料,利用膨润土中蒙脱石的层片状结构及其能在水或有机溶剂中溶胀分散成胶体级黏粒特性,通过离子交换技术插入有机覆盖剂而制成的。有机膨润土在各类有机溶剂、油类、液体树脂中能形成凝胶,具有良好的增稠性、触变性、悬浮稳定性、高温稳定性、润滑性、成膜性、耐水性及化学稳定性。

(2)盾构中用于泥浆改良的渣土通常为纳基膨润土和钙基膨润土。其中,钠基膨润土泥浆对于黏性土改良效果较差,对砂性土改良效果较好;钙基膨润土对泥浆性能影响较大,吸水性及黏性较低。在实际工程中,满足工程要求前提下,对于黏性土地层,建议根据实际土体组成成分选用清水或钙基膨润土泥浆进行改良,有利于降低成本。

90. 添加 CMC 有什么作用?

答:添加 CMC 可以增加泥浆的黏稠度、流动性,有保水、保护胶体的作用,能促进泥模成型,具有耐酸、耐盐的能力。

91. 黏土层如何处理弃浆?

答:泥水处理系统在黏土层不能有效地发挥作用、分离效率差、弃浆量大。而压滤设备能有效地补充,降低浆液内悬浮颗粒数量,实现浆液再利用。

92. 带压进仓时泥浆该如何制作?

答:带压进仓前 24h 进行膨润土的拌制,泥浆配制为高黏度泥浆,确保泥浆进入土仓后可以形成较好的泥膜。

93. 压滤机的工作原理是什么?

答:盾构机通过黏土层掘进时,由于泥浆黏度较高,其中的细颗粒较多,旋流器的分离指标会下降。经二级分离设备处理后的泥浆中细微的黏土颗粒逐渐富集,如果不及时予以去除,则引起泥浆的比重和黏度上升,直接影响了泥浆的携渣能力及环流系统的泵送能力,进而影响盾构机的掘进效率。

压滤机的功用就是在黏土层旋流筛分设备不能分离出足够的固相，不能将泥浆比重还原到掘进初期的低值1.05～1.30g/cm^{3}时，进行彻底的固液分离，通过分离出足够的低含水率（23%～30%以下）干土、回收足够的低固含（50mg/L以下）滤液，将泥浆比重还原到掘进初期的所需值。

压滤机通过添加剂把泥水分离为清水和泥渣，清水回用，泥土外排，有效地把泥浆里的细沙和粉土分离出来。

94.泥膜制作各项目规程值应如何选用？

答：泥膜制作各项目规程值见表3-2。

泥膜制作各项目规程值　表3-2

序号	项　目	单　位	规 程 值
1	比重	g/cm^3	1.03～1.10
2	马氏黏度	s	80s以上
3	含砂率	%	<1
4	塑性黏度	cp	8±3
5	动态屈服值	Pa	8～20
6	静态屈服值	Pa	13.5～25
7	胶凝强度	Pa	5～12
8	滤失量	mL	<15
9	滤饼	mm	1～5
10	泥浆温度	℃	—
11	pH值	—	7～10

注：在不同的地质环境下采用不同的保压泥浆，应视情况而定。

95.黏土层该如何调制泥浆？

答：黏土层有自造浆功能，但泥浆比重会急骤升高，给盾构系统工作带来影响，应加大弃浆力度同时加注清水，在注水的同时泥浆的黏度会下降，所以要在加水的同时注入一定比例的新浆或添加剂。

96.泥浆的组成成分有哪些？

答：泥浆由水、黏土、造浆材料、岩屑、土渣以及地层中可溶性盐类。

97. 泥膜的作用和特点是什么？泥膜有哪几种类型？

答：

(1)泥水稳定掌子面的方法源于地下连续墙的泥浆护壁原理,其基本原理是通过在支撑环前面隔板的密封仓中,注入适当压力的泥浆,在开挖面形成泥膜,支撑正面土体,并由安装在正面的刀盘切削土体表面泥膜,与泥水混合后,形成高密度泥浆。当泥水压力大于地下水压力时,泥水按照达西定律渗入土体,形成与土壤间隙成一定比例的悬浮颗粒,这些悬浮颗粒被捕获并积聚于土体与泥水的接触区,逐渐形成泥膜。(图3-8)

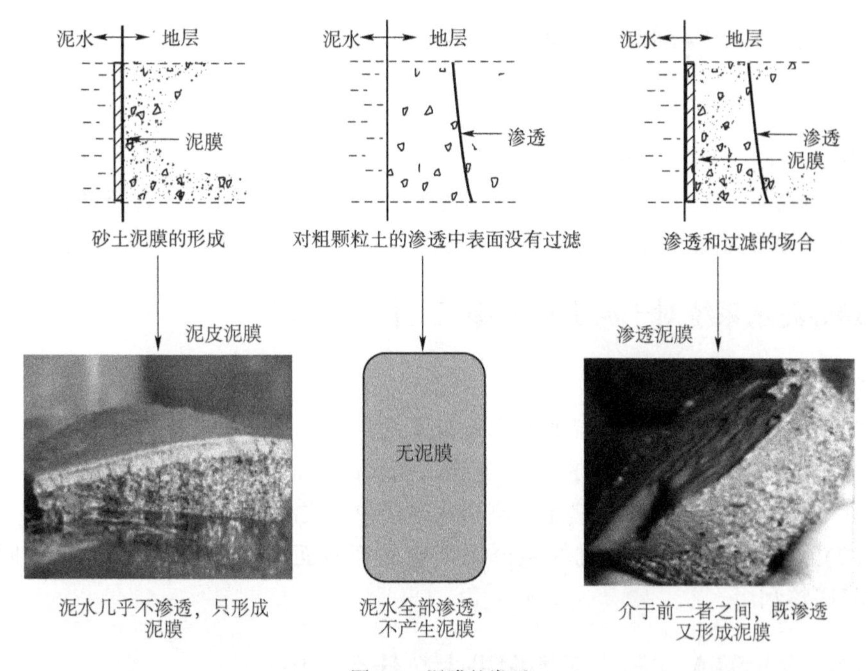

图3-8　泥膜的类型

(2)泥膜主要有泥皮泥膜和渗透泥膜两种类型。

①泥皮泥膜。泥皮泥膜的建膜速度慢,密封性好,对泥浆指标变化的敏感度高,泥浆滤失量小,一般用于开挖面的静态支护。泥皮泥膜的缺点是失水易开裂和剥落,易形成在渗透系数小的黏性土层。

②渗透泥膜。渗透泥膜的建膜速度快,对泥浆指标变化的敏感度低,适用于盾构掘进中开挖面的动态支护。渗透泥膜的缺点是泥浆滤量大,易形成在砂质土层

中。对于渗透系数大的砂砾层,泥膜形成的快慢与掺入泥水中砂粒的最大粒径和含砂量(砂粒重、黏土颗粒重)关系密切,为发挥砂粒填堵土体空隙的作用,砂粒的粒径应该比土体孔隙大且其含量应适中。

98. 高分子聚合物在泥浆配制中的作用是什么?

答:高分子聚合物的长链结构在泥浆中伸展或卷曲,能增加滤液黏度,并促使黏土颗粒形成网状结构。同时,大分子本身要水化又夺去了泥浆中部分自由水变成束薄水,这样使黏度升高。高分子化合物的相对分子质量越大、分子链越长,提高黏度越好。

99. 泥浆调试有哪些步骤?

答:

泥浆调试的步骤如下:

(1)选用不同膨水比的膨润土泥浆搅拌均匀,放置阴凉处24h进行膨化。

(2)与其他添加剂混合搅拌均匀,测试基本性质、泥浆密度和漏斗黏度。

100. 泥水系统对于泥水盾构施工的作用有哪些?

答:

泥水盾构施工中泥水系统的作用有以下两点:

(1)及时向开挖面密闭仓提供掘进施工需求的泥浆,用优质膨润土配制的泥浆的比重、黏度等技术指标必须满足在高透水砂层中形成泥膜和稳定开挖面的要求。

(2)及时把切削土砂形成的混合泥浆输送到地面进行分离和处理,再将回收的泥浆调整利用。

101. 支护泥水在泥水盾构掘进中起什么作用?

答:

泥水盾构掘进中支护泥水的作用如下:

(1)在开挖面土体表面形成泥膜,泥膜厚度随渗透时间增加而增加,从而有效提高渗透抵抗力。

(2)支承、稳定正面开挖面土体。

(3)盾构借助泥水压力与正面土压产生泥水平衡效果,有效支承正面土体。

(4)对刀盘和刀头等切削设备有冷却和润滑作用。

102. 什么是泥水分离和处理过程?

答:

(1)泥水分离过程是指盾构机排出的污浆,由排泥泵送入泥浆分离站,经过第一步预筛分器的粗筛振动筛选后,将粒径在 3mm 以上的渣料分离出来;筛余的泥浆由渣浆泵加压,沿输浆软管从旋流除砂器进浆口切向泵入,经过旋流除砂器分选,74μm 以上粒径微细的泥砂由下端的沉砂嘴排除落入细筛;细筛脱水筛选后,干燥的细渣料分离出来;经过筛选的泥浆经渣浆泵泵送,循环再进入二级旋流器,分选 30μm 以上的颗粒,由细筛脱水分离。分离后的泥浆进入储浆池,再经过处理后进入盾构机。

(2)泥水处理过程是指通过对排放的泥水进行一系列的处理、调整,使之符合再利用标准及废弃物排放标准的处理、调整过程。泥水处理具体又细分为一次处理、二次处理、三次处理。

第四章　泥水盾构配套设备

103. 泥水盾构的配套设备有哪些?

答: 盾构施工的配套设备主要包括轨道运输设备、垂直提升设备、砂浆搅拌设备、通风设备、供电系统、供水系统、排污系统和注浆设备等。

(1)轨道运输设备主要包括牵引设备(一般采用电瓶车)、出渣设备、砂浆运输设备、管片运输设备、电瓶充电设备。

(2)垂直提升设备主要是龙门式起重机。

(3)砂浆搅拌设备主要包括强制式搅拌机和混凝土配料机。

(4)通风设备主要包括主通风设备(一般用轴流通风机)和辅助通风设备(盾构上的二次风机和局部通风设备)。

(5)供电系统主要包括箱式变压器(常、高、低压开关)、备用电源(发电机)、已成洞段的照明线路和灯具、应急照明设施。

(6)供水系统主要包括盾构机冷却循环水箱(冷却塔)、手动扳阀等。

(7)排污系统主要包括管道、抽水设备、沉淀池等。

(8)注浆设备主要是单(双)液注浆机。

104. 水平、垂直运输的特点有哪些?

答:

(1)水平运输的特点是,电瓶车运输进隧道距离长,管片重量重,运输管片过程中随隧道走向高低需调节速度。

(2)垂直运输的特点是,井口吊运材料高度较高,管片重量重。

105. 搅拌站系统及同步浆液的组成有哪些?

答: 搅拌站系统由砂料储料、计量及上料装置,3 种各自独立的干粉料的储料、计量及上料装置,水和 1 种液体添加剂的储料、计量及上料装置,还有搅拌机和控制室等组成。

同步浆液由水泥、粉煤灰、膨润土、碱水和水组成。

106. 大直径泥水盾构通风设备选型技术要点有哪些?

答:

大直径泥水盾构通风设备选型技术要点:

盾构隧道施工时,需要考虑盾构机额定功率;运行时需充分散热,同时考虑洞内作业人员呼吸、粉尘置换等,需要及时进行通风,大功率通风系统是盾构施工的重要组成部分;隧道施工期间,洞内空气质量应符合规范要求。

107. 高压电如何引至盾构机?

答:一般由建设单位提供,由附近距离较近的 110kV 或 220kV 变电站接引 10kV 高压电,在始发井位置设计 10kV 箱式变电所,由箱式变电所供高压电通过高压电缆引到盾构机组合式箱变。

108. 盾构机循环冷却水系统分哪两类？其工作原理及组成是什么？

答:盾构机循环冷却水系统设计为开式和闭式相结合的循环冷却系统。

开式循环冷却系统提供盾构机的日常运行用水(如水箱补水、盾构机内部清洗用水等)及作为闭式系统的冷媒介。同时,因盾构机配套的液压系统通常配有大尺寸油箱,可自然通风散热,不一定需要持续强制水冷,而且考虑到油温有下限要求,所以暂时将液压系统的冷却设计在外循环部分。闭式循环冷却系统主要冷却主驱动、轴承、电器部件及刀盘驱动副变速箱等内部发热须冷却设备。

开式系统(外循环)由外供水源、外供水泵、安全阀、压力表、板式热交换器及相关管路组成。开式系统介质为河水或地下水等天然水。闭式系统(内循环)由储水罐、内循环水泵、阀门、压力表、流量表、单向阀及相关管路组成,闭式系统介质通常为冷却液或软水。

109. 泥水盾构机组装控制要点有哪些?

答:

(1)主机大件翻身。盾构主机大件翻身主要包括刀盘、前盾和中盾,在下井前需采用汽车吊配合履带吊翻身。

(2)主机大件组装。主机大件的下井顺序:前盾→中盾→刀盘→盾尾下半部分。

(3)管片拼装机组装。下井顺序:管片机轨道梁→管片机旋转底盘→盾尾上半部分。

(4)反力架的安装。在盾构主机与后配套连接之前,开始进行反力架的安装。反力架面应与始发台水平轴垂直,以便盾构轴线与隧道设计轴线保持平行。反力架与盾构连接部位的间隙要垫实,保证反力架脚板安全稳定。

(5)主机与拖车连接。后配套拖车体前移,与主机连接。连接桥前端搭在安装机梁的端梁上,之后割除连接桥的支撑。

(6)管线安装。液压、电气泥浆风水管连接在拖车就位以后立即开始管线连接,管线连接与设备、构部件安装同时进行。

(7)液压管连接。保持接头和卡槽的润滑,并确保紧固的质量。管路连接处设置标识并固定。

(8)电缆。设置电缆槽,标识电线,并将电缆线分门别类固定到位。

(9)泥浆管路安装。盾构机泥管路、盾构机与泥水处理设备管路连接。

110. 泥浆设备有哪些?

答:泥浆设备有制浆系统、输送系统、主分离系统、调浆系统、离心系统、压滤系统。泥水设备各单元关联示意图如图 4-1 所示。

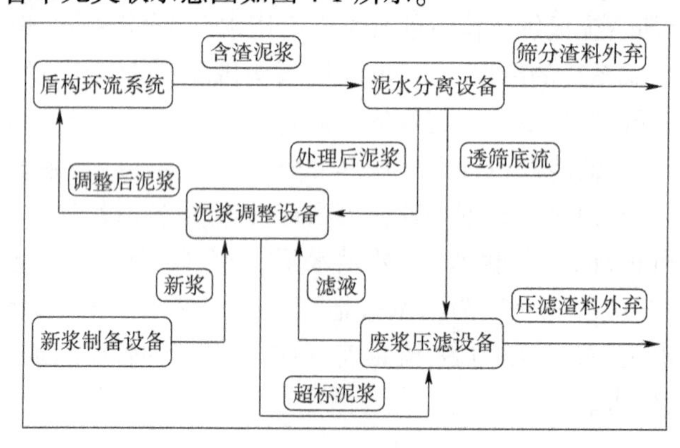

图 4-1　泥水设备各单元关联示意图

111. 泥水盾构机调试要注意哪些问题?

答:

(1)推进系统测试:推进速度、油缸压力检测。

(2)刀盘驱动系统测试:正转功能、反转功能、最大速度、速度调节、压力等是否正常。

(3)液压泵站测试:检查液压油过滤、循环系统。

(4)管片安装系统测试:各自由度功能检测、真空吸盘功能检测。

(5)超挖刀功能测试。

(6)注浆泵系统测试:各个功能是否达到性能要求,换向和调速是否正常。

(7)其他辅助液压系统测试。

(8)管片吊机功能测试。

(9)岩石破碎系统测试:动作、工作压力、破碎能力等。

(10)齿轮油循环系统测试:是否正常,液位报警功能等。

(11)盾尾油脂注入系统测试:工作压力是否正常,自动工作情况是否合理。

(12)主轴承 HBW 系统测试:工作压力是否正常,并将刀盘前部油脂注满。

(13)油脂密封系统是否正常并且将油脂注满主轴承,直至溢出,测量压力是否到达要求,控制部分功能是否正常,小油脂桶液位连锁功能是否正常。

(14)测试空气加压系统的控制部分是否正常,压力是否正常。

(15)泥水处理系统循环工况是否正常,压力、速度自动调节是否满足要求。

(16)水循环系统能否工作,主驱动部分流速是否达标,压力是否正常。

(17)整机联动控制是否正常,各个环节在控制室的控制情况是否正常,齿轮油循环系统测试是否正常,如液位报警功能等。

(18)盾构机故障显示测试。

112. 泥水盾构施工洞门密封装置安装注意事项有哪些?

答:

泥水盾构施工洞门密封装置安装注意事项:

(1)钢环预埋前应用棉布将每个螺栓孔塞紧,防止混凝土将栓孔堵塞。

(2)安装橡胶帘布前用丝锥将所有螺栓孔套攻一遍,保证每个螺栓都能正常安装坚固。

(3)帘布安装宜自上而下进行,利用自身重力,便于安装。

(4)底部翻板应设置挡块,防止刀盘接近前外翻橡胶帘布外翻。

(5)橡胶帘布根部(尤其是下部)清理干净,不得有混凝土或钢筋头,以防刀盘进入时损坏帘布和翻板,造成密封失效。

图 4-2　泥水盾构施工洞门密封装置实物图

泥水盾构施工洞门密封装置实物图如图 4-2 所示。

113. 大直径泥水盾构机盾尾分块组装与调圆方法有哪些?

答:

(1)盾尾的安装:

拼装机组装完成后安装内部设备楼梯等,然后安装左、右两侧块盾尾。起吊采用两台起重机,四点起吊,调整好位置,然后缓慢起吊下井,与下端盾尾及前段盾体对接后,螺栓连接并紧固,通过焊接钢板并用千斤顶调整盾尾与中盾内壁面台阶高度为55~60mm,环缝间隙10mm左右,点焊连接。吊装顶块,吊装时采用四点起吊,吊点在顶部中心对称布置。然后缓慢下井放置,顶部与二、三盾尾螺栓连接,调整台阶高度以及环缝间隙后点焊固定。盾尾分块吊装如图4-3所示。

图4-3 盾尾分块吊装

(2)盾尾调圆:

①搭建工作平台(图4-4)。在盾尾内外搭建脚手架,注意焊缝的位置不要

影响以后的焊接。

图4-4　工作平台搭建

②盾尾整体调圆(图4-5)。由于组装的误差,需要对盾尾进行整体调圆。在盾体与盾尾不在同一平面的地方焊接L形钢板,方法就是在盾尾突出的地方用液压油缸把钢楔子往里顶一点,把突出的地方顶进去直到使整个盾尾的圆度正好与前中盾体一样。由于盾尾直径偏大,采用20t葫芦将盾尾左右拉紧,上下使用H钢加千斤顶顶起来,自下而上随调整随焊接,并焊接马登固定,始终保持盾尾外表面与前中盾体外表面在同一平行面上。

图4-5　盾尾整体调圆

114.大直径泥水盾构机钢板束安装注意事项有哪些?

答:

大直径泥水盾构机钢板束安装应注意以下事项:

(1)注意焊接质量必须满焊。

(2)注意钢板束朝向。

(3)保证钢板束的密封性。

(4)安装完成后手动涂抹油脂。

(5)注意钢板束之间的间距。

(6)钢板束安装时需交错安装。

(7)钢板束安装时需要注意钢板束的弹性。

(8)注意安装钢板束的尺寸。

115. 泥水盾构机泥浆循环管路气动阀、液动阀安装注意事项有哪些?

答:

泥水盾构机泥浆循环管路气动阀、液动阀安装应注意以下事项:

(1)安装过程中必须加装密封垫防止泄漏。

(2)安装阀门之前确保阀门正常工作。

(3)确保阀门的朝向是正确的。

116. 正常情况下如何更换第一道盾尾密封刷?

答:

(1)管片分离。

①在做好防水准备工作后,开始进行管片分离。

②在上下左右均匀选取4个伸缩速度一致的千斤顶,采用同样长度的钢丝绳穿过隔离管片环上的管片螺栓孔,将隔离管片环固定于千斤顶上,钢丝绳两端通过卡环连接固定。

③拆除隔离管片环与间隙调整环管片连接螺栓,然后均匀、缓慢地将隔离管片环拉至第一道盾尾刷露出。

(2)尾刷的检查与更换。

①隔离管片环与间隙调整环管片分离后,进行盾尾刷检查、清理工作。

②对磨损严重的盾尾刷切除并进行更换。

③更换完成后进行手涂油脂的涂抹。

117. 管片起重机链轮链条与摩擦轮行走形式方式及优缺点有哪些?

答:

(1)链轮链条行走方式管片起重机可适用于更大的上、下坡度的区间;行走相对稳定,调运风险小;采取适当的设计也可适应较小的转弯半径,否则链条被卡概率较大,造价相对较低。

(2)摩擦轮行走方式管片起重机不适用于重载及大坡度起重、重载及大坡度易造成失效风险的情形。但其转变能力较好、造价低、行驶平稳。

118. 泥水平衡盾构机常常要对哪些部位进行测量磨损?

答:

(1)刀盘上的刀具进行磨损检测。

(2)各个气动及液压球阀。

(3)泥浆泵的进出口弯头管路。

(4)液压油管的管路。

119. 盾构掘进施工时,紧急情况下的注意事项有哪些?

答:

(1)确保紧急时的通道:设想发生火灾紧急逃离的情况,确定逃离要领,确认逃离路线是否畅通。

(2)注意因停电等关闭紧急闸门。

如不熟悉停电等关闭闸门的方法,就不能控制喷发,很危险。全体作业人员熟知紧急时关闭闸门的操作。

闸门开口部有时会因土层及掘削的状况而发生喷发,是很危险的,不可对着闸门口看或接近开口部。

闸门关闭时有夹手脚的危险,请勿将手脚放入闸门内。

(3)确认紧急停止开关。

请确认紧急时各设备急停开关的位置,以便在紧急情况下,能立即采取对策。

(4)确认应急灯状态。

停电时,有看不见后撤通道的危险,请定期检查应急灯工作状态(停电时亮灯)。

(5)备齐灭火器和急救箱。

①设置灭火器,以应对可能发生的火灾。

②确定急救箱的保管地点并配置急救箱。

③确定火灾、事故的处理方法。

④事先确定与急救联系单位的联络方法,记住电话号码。

第五章　泥水盾构始发与到达掘进技术

120. 大直径泥水盾构的始发流程是什么?

答:

大直径泥水盾构的始发流程包括:始发段地层加固→端头洞门凿除→安装始发基座→盾构机组装、空载调试→安装反力架、洞口密封→调制泥浆系统及泥水分离设备安装调试→调制泥浆→安装负环管片与盾构机负载调试→盾尾通过洞口密封后进行注浆回填→盾构掘进与管片安装。大直径泥水盾构的始发施工流程图如图 5-1 所示。

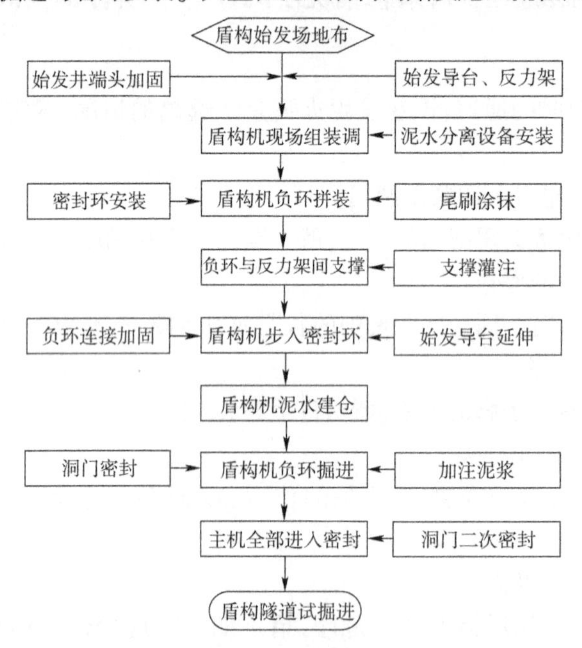

图 5-1　大直径泥水盾构的始发施工流程图

121. 始发托架、反力架安装与固定有哪些要点?

答:基础部分一般为钢筋混凝土的条形梁结构,表面预埋钢板,其主要作用是为托架部分提供牢固和高度合适的平台。托架部分为钢制的弧形结构,可以很好地托起盾构主机。托架部分为现场拼装,然后根据盾构主机的始发中心位置精确定位,最后和基础部分的预埋钢板牢牢焊接固定;反力架的安装位置根据反力架的尺寸、盾构主机的尺寸和管片的尺寸精确确定。反力架安装时有如下三条注意事项:①因为主机也在安装,所以反力架安装时要特别小心,不能碰撞到主机;②反力架安装的位置误差、垂直度误差应控制在10mm以内;③反力架应有牢固的支撑,能为盾构始发提供800t以上的反推力。反力架安装示意图如图5-2所示。

图5-2　反力架安装示意图

122. 始发洞门密封装置安装的目的是什么?

答:安装始发洞门密封装置不仅可以保证洞门口处的管片背后可靠注浆,而且对防止隧道贯通后的水土流失也能起到一定的作用。

123. 如何进行始发洞门凿除?

答:盾构始发车站或井壁的围护结构一般为钢筋混凝土灌注桩或连续墙,盾构刀盘无法直接切割通过,需要人工凿除。洞门凿除的时机必须把握良好,凿除过迟耽误盾构出洞,凿除过早让洞门后的土体暴露时间过长。一般直径为6.6m,厚度为1m的洞门,人工凿除需要两个星期的时间。洞门凿除施工时,不能把所有的钢筋和混凝土全部除掉,应保留围护结构的最后一层钢筋和钢筋保护层,待盾构刀盘到达之后再割除最后一层钢筋网,而不能直接暴露出土体。

124. 泥水盾构始发要点有哪些?

答:

(1)盾构基座、反力架与管片上部轴向支撑的制作与安装要具备足够的刚度,保证负载后变形量满足盾构掘进方向要求。

(2)安装盾构基座和反力架时,要确保盾构掘进方向符合隧道设计轴线。

(3)由于临时管片(负环管片)的真圆度直接影响盾构掘进时管片拼装精度,因此安装临时管片时,必须保证其真圆度,并采取措施防止其受力后旋转、径向位移与开口部位(临时管片安装时通常不形成封闭环,在其上部预留运输通道)变形。

(4)拆除洞口围护结构前要确认洞口土体加固效果,必要时进行补注浆加固,以确保拆除洞口围护结构时不发生土体坍塌、地层变形过大，保证盾构始发过程中开挖面稳定。

(5)由于拼装最后一环临时管片(负一环封闭环)前，盾构上部千斤顶一般不能使用(最后一环临时管片拼装前安装的临时管片通常为开口环)，因此从盾构进入土层到通过土体加固段前，要慢速掘进，以减小千斤顶推力，使盾构方向容易控制，盾构到达洞口土体加固区间的中间部位时，逐渐提高土压仓(泥水仓)设定压力，出加固段达到预定的设定值。

(6)通常盾构机盾尾进入洞口后，拼装整环临时管片(负一环)，并在开口部安装上部轴向支撑，使随后盾构掘进时全部盾构千斤顶都可使用。

(7)盾构机盾尾进入洞口后，将洞口密封与封闭环管片贴紧，以防止泥水与注浆浆液从洞门泄漏。

(8)加强观测工作井周围地层变形、盾构基座、反力架、临时管片和管片上部轴向支撑的变形与位移，超过预定值时，必须采取有效措施后，才可继续掘进。

125. 泥水盾构始发时的问题及应对措施有哪些?

答:

(1)始发前在盾构机中体与盾尾两侧焊接防扭转块。刀盘进入帘幕前确认洞门钢筋割除完毕，导向轨安装到位。

(2)确认超挖刀安全，确认刀具已经紧固完毕，并且扭矩符合要求。对中小油缸确定未被卡住，检查外密封油脂是否正常打出。关闭仓门前，再次确认土仓内未遗留金属物品。

(3)检查土压传感器是否工作正常，并确认间距。

(4)检查刀盘、刀具及主驱动螺栓，电驱需要检查离合器压力及剪断销;检查导向轨及帘幕，设置双帘幕时，中间需排水，必要时向里注入高黏度膨润土。

(5)泥水盾构机始发时，必须符合始发段泥浆压力，并严格按照流程进行开挖仓排气，气垫仓深液位。

(6)铰接须加注油脂，并且注意铰接外侧挡浆板是否装好，必要时检查气囊是否可靠。

126. 泥水盾构的接收流程是什么?

答:泥水盾构接收流程如图5-3所示。

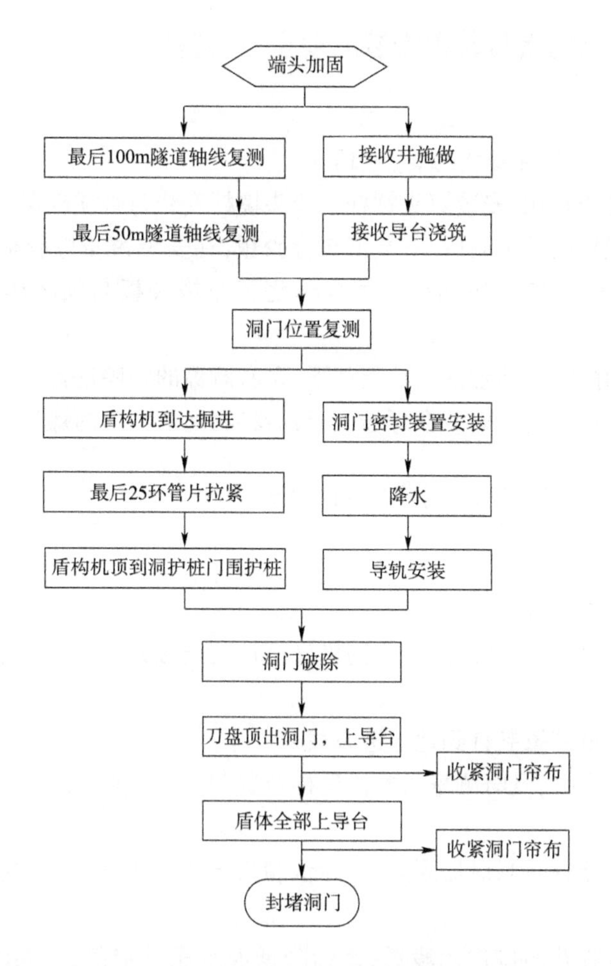

图 5-3　泥水盾构接收流程图

127. 洞门保圆措施有哪些?

答:

(1)钢模安装精确定位后,沿径向每36°设一径向支撑杆,以防模板变形。

(2)端头模板设斜支撑,以防跑模。

(3)为防止混凝土浇筑时模板上浮,在上部模板位置焊接支撑,其顶部支撑在端墙结构上。

128. 接收洞门密封装置安装的要点有哪些?

答:

接收洞门密封装置安装的要点如下:

(1)检查螺栓丝扣,安装双头螺杆。双头螺杆安装时必须确保栓结牢固。

(2)双头螺杆栓结牢固后,安装帘布橡胶板,在安装帘布橡胶板的同时安装圆环压板和折页压板,加好垫圈后用薄螺母将帘布橡胶板与圆环压板和折页压板固定。

(3)安装洞门密封装置依次从上往下、左右对称的顺序进行。

(4)将折页压板逐个安装在螺栓上,最后将洞门范围内的螺母拧紧。

129. 泥水盾构接收控制要点有哪些?

答:

泥水盾构接收控制要点如下:

(1)盾构暂停掘进,准确测量盾构机坐标位置与姿态,确认与隧道设计中心线的偏差值。

(2)根据测量结果制订到达掘进方案。

(3)继续掘进时,及时测量盾构机坐标位置与姿态,并依据到达掘进方案及时进行方向修正。

(4)掘进至接收井洞口加固段时,确认洞口土体加固效果,必要时进行补注浆加固。

(5)进入接收井洞口加固段后,逐渐降低泥水压设定值至0MPa,降低掘进速度,停止送泥与排泥,停止注浆,并加强工作井周围地层变形观测,超过预定值时,必须采取有效措施后,才可继续掘进。

(6)拆除洞口围护结构前要确认洞口土体加固效果,必要时进行注浆加固,以确保拆除洞口围护结构时不发生土体坍塌、地层变形过大。

(7)盾构机接收基座的制作与安装要具备足够的刚度,且安装时要对其轴线和高程进行校核,保证盾构机顺利、安全接收。

(8)拼装完最后一环管片,千斤顶不要立即回收,应及时将洞口段数环管片纵向临时拉紧成整体,拧紧所有管片连接螺栓,防止盾构机与衬砌管片脱离时衬砌纵向应力释放。

(9)盾构机落到接收基座上后,及时封堵洞口处管片外周与盾构开挖洞体之间空隙,同时进行填充注浆,控制洞口周围土体沉降。

130. 出洞轴线如何进行控制与复测?

答:在盾构推进至盾构到达范围时,对盾构机的位置进行准确的测量,明确成洞隧道中心轴线与隧道设计中心轴线的关系,同时应对接收洞门位置进行复核测量,确定盾构机的贯通姿态及掘进纠偏计划。在考虑盾构机的贯通姿态时注意两点:一是盾构机贯通时的中心轴线与隧道设计轴线的偏差,二是接收洞门位置的偏差。结合这些因素在隧道设计中心轴线的基础上进行适当调整。纠偏要逐步完成,每一环纠偏量不能过大。

131. 泥水盾构始发如何建仓?

答:

(1)检查洞门密封、调浆池泥浆液位情况,保证循环系统调试到位,保持设备运转正常,启动P1.1、P2.1泵,开启盾构机旁通循环,调整进出浆流量为600～800m^3/h,并达到循环平衡状态。

(2)打开开挖仓和气压仓的平衡阀,确保隔板两侧气压平衡。启动仓内泥水循环系统,缓慢地将气垫仓液位调整至盾构机中轴线以上1.5m,检查泥浆充填过程中洞门密封渗漏情况。

(3)在盾构机仓内泥浆开始注入时,同时开始在洞外向洞门密封环2道帘布之间压注堵漏浆液,使帘布之间的液面时刻保持与仓内液面的同步,以便内外压力保持平衡。

(4)关闭开挖仓和气压仓的气压平衡阀,打开开挖仓的进浆阀,向开挖仓内补充泥浆,继续加注堵漏浆液。

(5)激活盾构机气压控制体系,开始调节气垫仓压力,以不大于0.1bar的增幅逐步将气压增加至合适气压。

(6)监测加压过程中洞门密封渗漏情况。如发生小规模渗漏可采用棉布、面纱、沙袋、聚氨酯等材料进行正面封堵,并适当增加密封环注入的泥浆和堵漏浆液的黏度和流量;如发生较大渗漏须立即停止加注泥浆,查明原因处理完毕后方可继续注入泥浆。

(7)开始加压时,提前打开洞门密封顶部的排气阀,随着气垫仓压力的升高,工作仓液面也逐渐抬升。使工作仓及密封环内的空气及时排除。当工作仓内气体完全排空后,即密封环顶部排气阀开始排浆时,及时关闭排气阀继续调升气垫仓压力至 0.75bar,持续 45min 后开始正式掘进。

(8)如确实发生泄漏或设备出现异常,应及时调低气压让液面缓慢下降并将泥水用 P2.1 泵排出,仓底内无法用 P2.1 泵排出的剩余泥水使用 5kW 泥浆泵抽排,待检查修复完成后再重复试验,直到正式掘进。

132. 泥水盾构始发如何设定气垫仓压力?

答:气垫仓压力的设定应综合考虑切口水压的上限值、下限值和极限分析值,由于切口水压的上限值与下限值数值相差范围较大,通常取两者的平均值作为参考值;同时,根据覆土厚度,为防止地层沉降或击穿,气垫仓保压值应根据切口水压力设定,最终气垫仓压力的设定值以切口水压中间部位的极限分析值为基准,同时考虑安全储备,预加 4 ~ 10kPa 浮动压力。

133. 泥水盾构始发如何调整仓压设定值?

答:泥水盾构始发根据地表及地层水压的压力大小来调整气垫仓仓压,使开挖仓顶部仓压保持到一个稳定值。

134. 泥水盾构机始发端头加固的目的是什么?

答:由于从盾构刀盘刚进入隧道到盾尾全部进入隧道期间,洞门密封性较差,容易漏浆造成地面沉降,这就需要刚开始掘进时地层具有较高的稳定性,以防止地面塌陷,甚至造成更严重的灾难性事故。

135. 泥水盾构机始发时开挖仓压力如何建立?

答:泥水盾构机始发与土压盾构机工序基本相同,区别在于始发过程中开挖仓压力的建立。间接控制型泥水盾构机通过手动设置开挖仓压力值匹配始发阶段地层水土压力,直接控制型泥水盾构机通过调节泵转速及阀门开度控制开挖仓压力值。共同点是,不论哪种类型的泥水盾构机始发时开挖仓压力设定均以切削掉的渣土满足泥水循环为宜,且压力设定不宜过高。

136. 泥水盾构机始发洞门密封的方法?

答:采用双道密封装置,每道密封装置由帘布橡胶、扇形压板、止水箱、注浆管和螺栓组成,两道密封间隔0.4m。为防止泥水盾构机刀盘磨损帘布橡胶板,影响密封效果,在泥水盾构机进入预留洞门前,应在刀盘外围和帘布橡胶板外侧涂抹润滑油脂。当盾构机刀盘全部进入内洞门密封后,开始向泥水仓内加压,压力仅满足泥浆充满泥水仓。同时,在两道密封间利用预留注脂孔向止水箱内注堵漏剂,增加洞门处的止水效果。洞门止水装置安装示意图如图5-4所示。

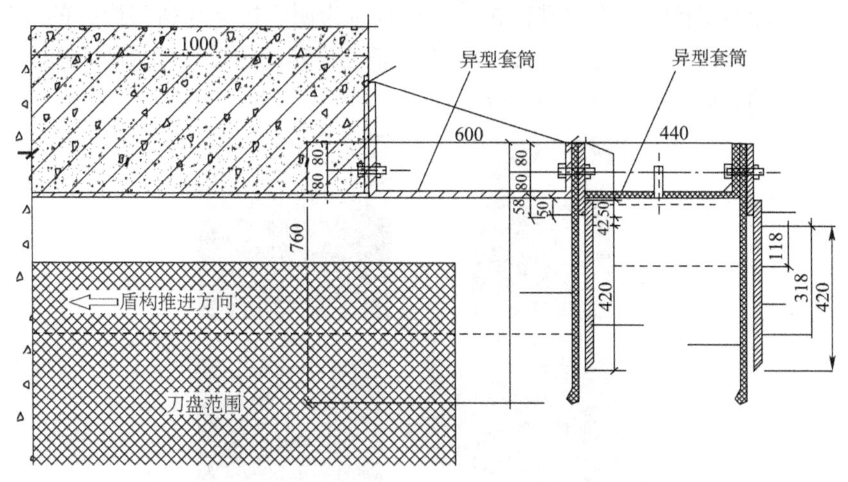

图5-4　洞门止水装置安装示意图(尺寸单位:m)

137. 大直径泥水盾构盾构始发防盾体旋转措施有哪些?

答:

大直径泥水盾构盾构始发防盾体旋转措施如下:

(1)尽量缩短刀盘单个方向的旋转时间,使正反转时间和扭矩趋于均衡;尽量缩短同步注浆液的初凝时间,以增强管片的自稳性,及时给予管片足够的摩阻力。

(2)每一块管片就位拼装时,应将每个螺栓初步扭紧,在拼装完整环后再次紧固,此外在推进过程中,推进压力远大于管片拼装时的千斤顶压力,故此时应对管片螺栓再次紧固,以达到较好的紧固效果,使管片整体性良好,以抵抗扭转的趋势。

(3)掘进时,推进千斤顶上下部压力差应尽可能小,避免较大的压力差使管片产生漂浮现象,从而减弱管片的自稳性。施工实践证明,当盾构机推进千斤顶上下部压力差达120bar时，管片向上位移较明显，故施工中宜控制上下千斤顶压力差小于100bar。当发现管片有位移迹象时，应及时对管片进行衬背注浆，以防止管片继续位移，或对管片进行有效的填充，以防止管片产生过大的扭转。

(4)在发现管片产生扭转时，可将刀盘与管片扭转方向同向旋转，并适当延长旋转时间，以防止管片继续扭转并使管片恢复正常位置。在不同的地层和采用的不同转速时要通过盾构机操控手通过不停地调整参数，观察扭矩和转速的变化来确定如何对刀盘进行操作。

(5)在管片扭转过大时，可合理利用管片螺栓孔与螺栓间的公差进行调整，管片拼装时将管片向扭转的反方向进行拼装。拼装时为便于拼装和达到最好的效果，管片拼装时可以外加一异型定位销，人为有意地把已经转动的管片变量借回来。

盾构机防扭转构件图如图5-5所示。

a)盾体腰线防旋转竖撑

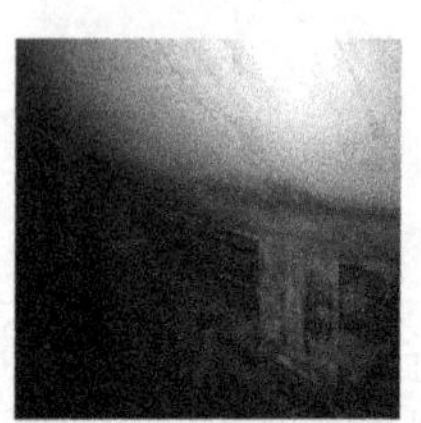

b)盾体防旋转底部角撑

c)盾体防旋转斜撑

d)盾体防旋与结构连接支撑

图5-5　盾构机防扭转构件图

138.泥水盾构机到达接收包括哪些施工内容？

答：泥水盾构机到达接收的施工内容包括盾构机定位及接收洞门位置复核测量、地层加固、洞门处理、安装洞门圈密封设备、安装接收基座等。

139.泥水盾构机在浅覆土埋深下接收施工有何风险？

答：在接近洞门时，仓压过高容易导致地面隆起，出现冒浆、冒水现象，地层沉降难控制。

140. 泥水盾构机接收时注意事项有哪些?

答:

(1)盾构到达前检查端头土体加工质量,确保加固质量满足设计要求。

(2)盾构到达前,在洞门内侧准备好砂袋、水袋、水管、方木、风炮等应急物资和工具。

(3)准备洞内洞外的通信联络工具和洞内的照明设备。

(4)增加地表沉降监测的频次,并及时反馈监测结果指导施工。

(5)橡胶帘布内侧涂抹油脂,避免刀盘刮破帘布而影响密封效果。

(6)在刀盘距洞门掌子面0.5m时应尽量出空开挖仓内的渣土,减小对洞门及端墙的挤压,以保证凿除洞门混凝土施工的安全。

(7)在盾构贯通后安装的几环管片,一定要保证注浆饱满密实,并且一定要及时拉紧,防止管片下沉、错台和漏水。

141. 盾构始发时盾尾油脂的准备工作、涂抹方法及注意事项有哪些?

答:为了保护三道盾尾钢丝刷,提高其使用寿命和增强密封效果,盾构始发时须在盾尾刷内使用手涂型盾尾油脂,严禁使用泵送型盾尾油脂。(图5-6)

图5-6　盾尾油脂涂抹示意图

(1)准备工作:

①用8mm厚钢板和ϕ12mm钢筋制作6个小方铲,钢板尺寸为15cm×15cm,钢筋长30cm。

②将20kg/桶的手涂型盾尾油脂15桶吊入井下。

③清理盾尾刷周围的材料、设备、工具等物品。

(2)涂抹方法:

①戴上橡胶手套,倒入适量的液压油在手上,涂抹均匀。

②铲出盾尾油脂,用手搓成直径6cm左右的长条形。

③从底部第一道钢丝刷开始,两人配合,一人掰开钢丝,一人将搓成长条形的油脂塞入钢丝刷内,用铲子尽量将油脂塞到底部,重叠塞上2~3层,直到盖过钢丝。

④按照从下往上的顺序,涂完第一道整圆后,按照同样的方法涂抹第二道和第三道钢丝刷。

(3)注意事项：

①戴上橡胶手套后，最好倒入适量的液压油上，防止油脂粘连在手上。

②涂抹时注意站好站稳，防止滑倒、跌倒。

③严禁踩踏钢丝刷，否则容易引起钢丝刷的变形。

④油脂填塞必须充分严实，整圆不允许有遗漏，尽可能将油脂挤塞进钢丝刷。

142. 盾构机始发的主要工序步骤及注意事项有哪些?

答：

(1)盾构机始发的主要工序步骤：

①始发基座的安装加固，确保基座中线与隧道设计轴线一致。

②始发洞门密封装置的安装。

③始发反力架结构与预埋件基础施工。

④将盾构机吊装到始发基座上，连接电缆、管路，并启动盾构机试运转。

⑤盾构机推进，安装负环管片，进行始发掘进。

(2)盾构始发时的注意事项：

①保证始发时盾构机轴线和隧道设计轴线的偏差控制在规定的范围内。

②始发隧道的基础及基座要有足够的强度，以防止盾构机的始发时下陷。

③始发基座和反力架支撑要牢固，防止始发时移位。

④始发基座和盾构主机位置确定后，盾构主机推进前，应在盾构主机的外壳上加焊临时限位块，以防止盾构主机要推进时翻滚。同时，应在盾构主机和始发基座的接触面上涂抹减摩剂(如黄油等)，以减小盾构机在推进时与始发基座间的摩擦阻力。

⑤始发密封的安装和固定要符合安装要求，盾构主机进入始发密封前应在密封帘布上涂抹黄油，以减小帘布和盾构外壳间的摩擦，防止因帘布的损坏而影响密封效果。

143. 泥水盾构机试掘进的目的是什么?

答：泥水盾构机掘进泥水压力的设定是泥水盾构施工的关键，维持和调整压力值又是盾构推进操作中的重要环节，其中包括推力、扭矩和贯入度三者的相互关系。同时，对盾构施工轴线和地层变形量的控制也比较重要，因此设置试掘进段。盾构试掘进过程中，要根据不同地质条件、覆土厚度、地面情况设定泥水压力，选定泥水性能指标，并根据地表隆陷监测结果及时调整泥水压力和性能。

第六章　泥水盾构掘进技术

144.泥水盾构掘进过程中如何判断需要打开落石箱?

答:在泥水盾构掘进过程中,当排浆泵进口压力变负,切换旁通循环模式时,压力无变化,此时可能是落石箱内渣土堆积或有大石块,需要打开落石箱清理。

145.打开落石箱时有哪些注意事项?

答:

打开落石箱时的注意事项如下:

(1)循环模式停止,前后球阀和泵应该处于停止状态。

(2)打开排气阀泄压,直至管路内没压力。

(3)打开管路延伸模式。

(4)注意落石箱门密封不能损坏。

146.盾构自转如何调整?

答:当盾构机自转时应该通过滚动角调整刀盘转向来调整。

147.如何控制刀盘扭矩过大?

答:

(1)应适当降低盾构掘进速度。

(2)降低推进油缸推力。

(3)降低刀盘转速。

(4)改善泥浆指标。

148.带压进仓作业应注意哪些事项?

答:带压进仓作业应注意的事项包括作业人员体检、急救物资准备、仓内气体检测、掌子面泥膜制作、气密性实验、持续通风、专人监控。

149. 盾构掘进过程中引起地面沉降的原因及对策有哪些?

答:

(1)盾构法隧道施工产生地面沉降的原因主要有开挖面的应力释放、附加应力等引起地层产生的弹塑型变形力。盾构施工引起的地层损失和隧道周围受扰动或剪切破坏引起的土体再固结,是造成盾构法隧道工程性地面沉降的根本原因。

(2)盾构法隧道施工应采用施工前预防地面沉降的处理措施和施工过程中的补救加固措施,包括注浆、锚杆、钢板桩、旋喷桩、搅拌桩加固,或者采用冻结法施工或素混凝土墙等,对盾构隧道上覆和两侧地层进行加固,有效预防和控制盾构法施工引起的地面变形与发展。

150. 管片破损、错台的原因及防治措施有哪些?

答:

(1)管片的破损、错台一般是由于受力不均匀造成的,当某点的集中荷载超过了设计极限后,必然会导致管片的相对位移或结构的破坏。

(2)防治措施:①对盾构机姿态调整不能"急纠";②防止管片施工过程中排列错误;③控制好同步注浆的压力;④加强测量监控。

151. 掘进过程中遇到泥浆管爆裂应如何处理?

答:掘进过程中遇到泥浆管爆裂时,应立即停止推进,循环停止后关阀,检查破损部位并立即处理。

152. 掘进过程中开挖仓压力与气垫仓压力设定值之间的关系是什么?

答:通过调节气垫仓压力来控制开挖仓压力与掌子面水土压力平衡来保证掌子面的稳定。

153. 掘进过程中开挖仓压力如何确定?

答:在选择掘进压力时主要考虑地层土压,地下水压(孔隙水压),预先考虑的

预备压力。

154. 掘进过程中气垫仓压力设定值如何调整？

答：掘进过程中气垫仓压力可通过调整 Samson 系统设定值来调整。

155. 逆洗与反冲洗的作用是什么？

答：当气垫仓出渣不顺畅、搅拌器频繁卡死、排浆泵吸口处负压时可选择逆洗或反冲洗来解决。

156. 如何处理盾尾漏浆问题？

答：当盾尾漏浆时表示盾尾刷磨损严重或盾尾油脂量不足，可以提高盾尾油脂的注入压力，增加盾尾油脂注入时长来解决。

157. 盾构中同步注浆注意事项及浆液配比该如何选择？

答：

(1) 盾构中同步注浆的注意事项：

①搅拌时，砂、水泥、水、膨润土要按照正确顺序进行投料；浆液的搅拌时间要连续，不能间断；

②注浆设计压力是指注浆孔孔口压力，而不是泵的工作压力；

③注浆前要检查注浆泵、注浆管路、注浆管接头等设备是否完好；

④浆液要从管片的对称位置注入；

⑤当长时间停机时要清洗注浆管路。

(2) 根据所处地质、施工环境选择适合本地区的浆液配比；结合大量的浆液试块实验，按照实验数据来确定配合比。

158. 惰性浆液比普通浆液相比配比有何不同？

答：惰性浆液在普通浆液主要成分加量不变的情况下，只需调节添加剂的加量就能有效地控制、调整浆液的性能。在施工过程中，可以比较方便地对浆液的性能进行调整，以适应不同地层、不同掘进速度对浆液性能的要求。

159. 管路延伸后如何排出泥浆环路内的空气?

答:管路延伸后泥浆管中的空气可通过打开管路上的排气阀予以排除。

160. 掘进过程中如何调整泥水环路,以提高泥浆携渣能力减少仓内渣土堆积?

答:在掘进过程中,应该根据盾构掘进速度、渣浆泵的进出口压力、管路长度来调整渣浆泵的转速设置,提高泥浆携渣能力,减少仓内渣土堆积。

161. 造成泥水加压平衡式盾构机吸口堵塞原因有哪些?

答:

造成泥水加压平衡式盾构机吸口堵塞的原因:

(1)盾构土舱的土体中有大块状障碍物。

(2)搅拌机搅拌不均匀,导致吸口处沉淀物过量积聚。

(3)排浆流量过小,输送渣土能力差。

(4)泥水指标不符合要求,不能有效形成盾构开挖面泥膜。

162. 预防泥水加压平衡式盾构机吸口堵塞措施有哪些?

答:

预防泥水加压平衡式盾构机吸口堵塞的措施:

(1)根据泥浆环路流量大小、地质条件等因素选择合理的掘进速度。

(2)膨润土冲刷管路要频繁切换,避免大的渣土块产生。

(3)根据出渣情况,合理设置渣浆泵的转速,避免渣土堆积。

(4)搅拌器要频繁换转向。

163. 处理泥水加压平衡式盾构机吸口堵塞措施有哪些?

答:

处理泥水加压平衡式盾构机吸口堵塞的措施:

(1)通过逆洗或反冲洗来处理。

(2)拆落石箱观察是否有渣土块堵塞吸口。

(3)前舱、气垫仓注分散剂。分散剂试验如图 6-1 所示。

图 6-1　分散剂试验

164. 引起泥水加压平衡式盾构机施工过程中地面冒浆的原因有哪些?

答:当盾构吸泥口堵塞,排渣不顺时会造成开挖仓压力升高;当压力大于掌子面水土压力时,会造成刀盘上方地面隆起,严重时会有冒浆现象。

165. 预防泥水加压平衡式盾构机施工过程中地面冒浆的措施有哪些?

答:

预防泥水加压平衡式盾构机施工过程中地面冒浆的措施:

(1)在冒浆区适当覆盖黏土。

(2)严格控制开挖面泥水压力。

(3)严格控制同步注浆压力,并在注浆管路中安装安全阀,以免注浆压力过高。

(4)适当提高泥水各项质量指标。

166. 泥水加压平衡盾构机施工过程中地面冒浆该采取的措施有哪些?

答:

泥水加压平衡盾构机施工过程中地面冒浆时采取的措施:

（1）如轻微冒浆，可在不降低开挖面泥水压力的情况下继续推进，同时，适当加快推进速度，提高管片拼装效率，使盾构尽早穿过冒浆区。

（2）当冒浆严重，停止推进，并采取如下措施：①提高泥水密度和黏度；②掘进一段距离后，进行充分的壁后注浆；③地面可采用覆盖黏土的措施。

167. 泥水盾构机突发断电后该采取什么措施？

答：

（1）启动台车上应急发电机，恢复保压系统工作，保证掌子面稳定。

（2）迅速查找大电跳停原因并予以解决。

168. 泥水盾构机循环紧急停止有何特点？适用于哪种情况？

答：当泥水盾构机正在推进时，启用循环紧急停止会自动开启旁通模式，推进停止，所有渣浆泵停止，泥浆环流逐渐停止。这种措施适用于泵吸口突然负压，泥浆管爆裂或渣浆泵爆裂等紧急情况。

169. 泥水盾构机有哪几种工作模式？各适用于哪种情况？

答：泥水盾构机有四种工作模式，分别是推进模式、反冲洗模式、拼装模式和管路延伸模式。通常，正常推进时使用推进模式，当吸口压力负压时或搅拌器卡死时使用反冲洗模式，拼装管片时使用拼装模式，当接泥浆管或需要开落石箱时使用管路延伸模式。

170. 泥水盾构控制仓压的要点有哪些？

答：

泥水盾构控制仓压的要点如下：

（1）推进时频繁更换冲刷管路，提高环流出渣效率，减小堵仓概率，防止仓压发生突变。

（2）保压系统中的 Samson 系统、空压机、冷干机及用气管路定期检查，保证设备工作状态稳定。

171. 泥水盾构机刀盘卡死的原因有哪些？

答：

泥水盾构机刀盘卡死的原因如下：

(1)出渣量和掘进速度不协调,泥水仓内堆土过多,刀盘扭矩增大。

(2)地层稳定性差,掘进过程中掌子面坍塌,泥水仓内堆土过多,刀盘扭矩增大。

(3)停机时地层有大粒径卵石卡在刀盘开口和切口环处,导致刀盘扭矩过大。

(4)刀盘脱困扭矩过小,在泥水仓内有渣土堆积时,无法转动刀盘。

172. 如何防止刀盘被卡死?

答:

防止刀盘卡死的措施:

(1)掘进时,掘进速度和出渣速度相匹配,尽量减少泥水仓渣土堆积。

(2)优化泥水仓压力和泥浆性能控制,在掌子面形成优质泥膜,维持掌子面稳定。

(3)密切关注出渣情况,总结出地层的变化情况。

(4)在停机前,刀盘左右旋转,使扭矩变小后再停机,尽量减少泥水仓内渣土堆积。

173. 盾构掘进过程中引起地面沉降的原因是什么?预防措施有哪些?

答:

(1)引起地面沉降的原因如下:

①推进速度与出渣速度不匹配,导致超挖或者欠挖,引起地表沉降。

②盾构机在黏土层、泥岩层或卵石等地层施工时,出渣不畅、环流堵塞造成滞排,引起掌子面压力剧烈波动。

③盾构机开挖面压力设定不准确,导致设定压力与地层水土压力失衡。

④间接控制型泥水平衡盾构机自动保压控制系统故障或直接控制型泥水平衡盾构机泵转速及阀门开度设置不合理导致开挖仓压力波动。

(2)预防措施:

①正确设定推进参数,使推进速度与出渣速度相匹配。

②当出现出渣不畅等情况时及时调整泥浆浆液指标,根据地质情况采取加水稀释或制作新浆等措施合理调整泥浆指标,提高泥浆携渣能力。

③精确计算并正确设定压力值。

④加强设备维保,避免设备故障导致运行过程中压力发生波动。

174. 衬砌背后注(压)浆的目的是什么?

答:

衬砌背后注(压)浆的目的:

(1)控制地表沉降。衬背注浆的最重要目的是及时填充施工间隙,防止因间隙的存在导致地层发生较大变形或坍塌。

(2)减少隧道的沉降量。压浆后能使管片卧在压浆的材料上,就好像隧道有了一个垫层,也就防止或减少了隧道的沉降,保证了隧道轴线的质量,满足工程使用要求。

(3)提高隧道的抗渗性。隧道是由预制管片拼装而成的,所以有众多的纵、环向缝隙,而这些缝隙正是防水的薄弱环节,盾尾注浆液凝固后,可提高隧道抗渗性能。

(4)改善衬砌的受力状况。压浆后防止了地层变形和地层压力的增加,浆体便附在衬砌圆环的外周,使两者共同变形,从而改善了衬砌的受力状况。

(5)有利于盾构推进纠偏。用压浆的压力来调整管片与盾构的相对位置,在管片外周单侧注浆,迫使衬砌移动来纠偏。

(6)预防盾尾水源流入密封土仓而造成的喷涌。良好的衬背注浆可以截断盾尾水源,减少喷涌发生的概率。

175. 隧道管片上浮的原因有哪些?

答:

隧道管片上浮的原因如下:

(1)单液浆的初凝时间太长。

(2)浆液的稠度不能有效地抑制和约束隧道上浮。

(3)超挖空间大。

(4)同步注浆不充分。

(5)围岩地层中水量丰富,地下动水挟带着浆液流到前方的密封土仓,隧道上浮的空间没有被有效充填。

(6)盾构机主体、后配套设备和电瓶车的动(震动)静荷载不仅造成浆液离析,而且使盾构机主体与后配套设备之间的过渡段同时存在垂直受力和水平分力作用的工况。

176. 盾构掘进时的纠偏措施有哪些?

答:

盾构掘进时的纠偏措施:

(1)在掘进过程中,应随时注意滚角的变化,及时根据盾构机的滚角值调整刀盘的转动方向。

(2)在纠偏过程中,掘进速度要放慢,并且要注意避免纠偏时由于单侧千斤顶受力过大对管片造成的破损。

(3)尽量选择合理的管片类型,避免人为因素对盾构机姿态造成过大的影响;严格控制管片拼装质量,避免因此而影响盾构机姿态的调整。

(4)在纠偏时,要密切注意盾构机的姿态、管片的选型及盾尾的间隙等,盾尾与管片四周的间隙尽可能均匀。

(5)当盾构机偏离设计轴线较大时,不得猛纠、猛调,避免往相反方向纠偏过大或盾尾与管片摩擦,致使管片破裂。

177. 带压进仓安全注意事项有哪些?

答:

带压进仓安全注意事项:

(1)患有感冒或流感的人不能进入压力仓,否则可能有耳膜破裂的危险。

(2)因在升压和带压作业过程中,压力仓内温度较高,因此在此期间要多饮水,否则脱水会立即导致压缩空气病症,但加压前/加压期间禁止饮用二氧化碳饮料,同时不要将可能膨胀的饮品或食物带入压力仓。

(3)压力仓内及附近禁止存放可燃气体和氧气瓶。

(4)由于压力越高人体吸入的气体越多,尤其是氮气首先会在人体液体内溶解,然后溶解在人体组织中,其饱和程度取决于压力、维持的时间以及人体组织吸收氮气的能力,胖的人体组织特别容易吸收,因此,肥胖人员一般不允许在有压下进仓。

(5)在带压作业过程中,为确保作业人员的安全,仓内压力要随时保持基本恒定,其波动值要控制在0.05bar以内。

(6)在带压潜水作业过程中,体能消耗要远远高于常压下作业,因此用力要适度,并注意做好自身的身体防护,尽量避免碰伤皮肤或发生身体扭伤现象。

(7)为了防止电器方面引起的安全问题,应严格注意电源的开关,需要关闭电源时必须关闭,与仓内作业人员密切配合,不要盲目启动电源,以免造成安全事故。

(8)每次进仓前,必须在盾构本身自带空压机的基础上另外配置备用发电机,以防万一停电出现意外。

(9)作业人员出仓前必须进行吸氧作业。出仓后,作业人员尽量不要进行剧烈活动,要适当休息恢复。

178.泥水盾构顶部土压受哪些因素影响?

答:外界影响因素是覆土埋深与地下水。根据水文地质条件的变化,顶部土压的大小也会随之改变,地下水、潮涌等自然因素也会造成顶部土压的变化。同时,顶部土压还受自身流量及设定压力控制,气垫式泥水平衡盾构机顶部土压取决于气垫仓压力设定值,直排式泥水平衡盾构机顶部土压力受泵转速及阀门开度控制。

179.盾尾密封刷密封效果如何进行检查?

答:检查方法为通过管片二次注浆孔向盾尾刷第一层和第二层之间、第二层和第三层之间注入高压水,测试高压水是否能通过盾尾刷进入盾构机内部并观察渗透点。在地面上预先将该管片中央的二次注浆孔用钻头打穿(打开一个小孔即可),防止拼装完毕后再打穿时,混凝土块进入盾尾刷之间,损伤盾尾刷,并填注润滑油脂,压入止浆阀(单向阀)注浆孔用封盖密封。进行管片拼装,盾构机油缸达到一定行程时,停止掘进,此时管片二次注浆孔位于第一道和第二道密封刷之间。将盾构机推进油缸部位泥沙尽量清除干净,多余的水用海绵吸走,拆除管片上的封闭盖,用带有压力表、阀门的注浆管向管片内注入高压水,观察是否有水沿管片与尾盾之间流出。假如盾尾注脂压力为4bar,注水压力也设定为4bar,从外循环水系统取水,用阀门、压力表控制注水压力。如果有水从管片和盾尾处流出,说明盾尾密封刷的密封效果差。用相同的方法来检查第二层、第三层密封刷。

180.泥水盾构进仓前、后盾构主司机排浆、补浆的过程如何控制?

答:

(1)排浆、降液位的过程控制:

①排浆前检查盾构泥水循环系统,电话通知泥水处理工厂,并保持信息畅通。

②根据技术交底和进仓现场指挥人员的指令,首先启动泥水循环旁通系统,运行正常情况下启动主排浆管的阀门,开始排浆。

③排浆期间密切关注泥水循环系统各项参数及掌子面的压力变化情况,平稳调整掌子面的压力和液位。

④液位降到指定位置后,关闭泥水循环系统,观察掌子面压力、液位及补气情况,稳定后通知现场指挥人员,达到带压进仓条件。

(2)带压进仓期间的过程控制:

①密切观察掌子面压力、液位的变化情况。

②和入仓区域现场指挥人员保持信息畅通,若遇突发事件,及时沟通汇报。

③根据进仓刀具、材料消耗情况,及时通知运输组进行补充。

④接到进仓现场指挥人员发出的补浆指令后,立即启动泥水循环系统,进行补浆。

⑤和地面竖井值班人员保持信息畅通,及时通知下一仓作业人员到位,做好进仓准备。

(3)补浆的过程控制:

①根据指挥人员发出的指令进行补浆,同时打开排气阀。

②补浆过程密切观察掌子面液位、压力变化情况,要求参数变化比较平稳。

③补浆完成后,按照技术交底要求进行保压。

④根据出仓作业人员提供的指导性意见,现场指挥人员经过分析发出指令,转动刀盘到合适位置。

181. 单液浆和双液浆的特点分别是什么?

答:

(1)单液浆的特点:单液浆的强度应满足施工要求,浆液的初凝时间可以通过外加剂的掺量进行有效控制,可根据工程的实际需要进行调节,同时便于施工;由于浆液中含有砂子作为集料,浆液充填效果较好。但单液浆的胶凝时间较长,在浆液初凝之前对于隧道的稳定和防渗效果相对较弱,且强度偏低。

(2)双液浆的特点:双浆液的凝结时间短、早期强度高,能较好地控制管片的初期沉降,从而保持隧道的稳定。由于施工工艺的影响,容易造成注浆管堵塞;后期强度低,且浆液结实体强度不均匀,影响管片的辅助抗渗效果。

182. 二次补强注浆的作用及注意事项有哪些?

答:

(1)二次补强注浆的作用是提高背衬注浆层的防水性及密实度,考虑前期注浆效果不佳以及浆液固结率的影响,必要时在同步注浆结束后进行补强注浆。补强注浆一般在管片与岩壁间的空隙充填密实性差,致使地表沉降得不到有效控制的情况下才实施。

(2)二次补强注浆的注意事项:

①要保证注浆泵能正常工作,注浆管路畅通,压力显示系统准确无误。

②浆液要从管片的对称位置注入,防止产生偏压,使管片发生错台或损坏。

③注浆过程中要密切关注管片的变形情况,若发现管片有破损、错台、上浮等现象应立即停止注浆。

④当注浆量突然增大时,应检查是否发生泄漏或注入掌子面。若发生前述现象应停止注浆,妥善处理后再继续注入。

⑤注浆过程中若发生管路堵塞,应立即处理,以防止管中浆液凝结。

⑥注浆作业人员要经常对注浆设备进行彻底的清洗。

⑦二次补强注浆每次结束后要立即用水清洗注浆管。

⑧若遇有水涌出的孔位,则应调整双液浆的配比,缩短胶凝时间,达到迅速阻水的目的。

⑨在需要长时间停机时,必须以膨润土浆液(其配合比一般为水灰比0.8,水泥:膨润土=1:1)填充注浆管路。

183. 刀盘被卡原因及预防措施有哪些?

答:

(1)刀盘被卡的原因:

①出渣量和掘进速度不协调,泥水仓内堆土过多,刀盘扭矩增大。

②地层稳定性差,掘进过程中掌子面坍塌,泥水仓内堆土过多,刀盘扭矩增大。

③停机时地层中有大粒径卵石卡在刀盘开口和切口环处,导致刀盘扭矩过大。

④刀盘脱困扭矩过小,在泥水仓有渣土堆积时,就无法转动刀盘。

(2)预防措施：

①掘进时，掘进速度和出渣速度相匹配，尽量减少泥水仓内渣土堆积。

②优化泥水仓压力和泥浆性能控制，在掌子面形成优质泥膜，维持掌子面稳定。

③密切关注出渣情况，总结出地层的变化情况。

④在停机前，刀盘左右旋转，使扭矩降变小后再停机，尽量减少泥水仓内渣土堆积。

184. 盾尾密封装置漏浆的原因及处理措施有哪些？

答：

(1)盾尾密封装置漏浆的原因：

①管片与盾尾不同心，使盾尾和管片间的空隙局部过大，超过密封装置的密封功能界限。

②盾尾密封装置受偏心的管片过渡挤压后，产生塑性变形，失去了弹性，密封性能下降。

③盾尾密封油脂压注不充分，盾尾刷内侵入了注浆的浆液并固结，从而使得盾尾刷的弹性丧失，造成密封性能下降。

④盾构后退，造成盾尾刷与管片间发生刷毛方向相反的运动，使得刷毛反卷，盾尾刷变形造成密封性能下降。

⑤盾尾密封油脂的质量不好，对盾尾钢丝刷起不到保护作用，或因油脂中含有杂质堵塞油脂泵，使油脂压注量达不到要求。

(2)盾尾密封装置漏浆的处理措施：

①调整盾构掘进姿态，使上下左右间隙均匀。

②加大盾尾油脂的注入量，对已经产生泄漏的部位集中压注盾尾油脂，恢复密封性能。

③管片拼装时，在管片背面塞入海绵，将泄漏部位堵住。

④泄漏的积水及时用污水泵排出。

⑤加强二次注浆。

⑥必要时，可更换最里面的一道盾尾刷，以保证盾尾刷的密封性。

185. 怎样进行掘进过程中盾构轴线的控制和纠偏？

答：规范要求盾构掘进过程当中轴线允许偏差为50mm，推进当中严格按照此标准执行，当轴线偏移达到40mm，必须及时进行纠偏。

(1)要求主司机根据盾构报表中高程和平面高程的偏差和盾尾间隙，结合地面沉降情况，选择和调整盾构千斤顶，调节各油区油压或开启铰接进行纠偏。

(2)可以通过对切削面的局部超挖，使其产生空隙而使盾构能向超挖方向移动，并结合千斤顶编组进行纠偏。

(3)平衡控制盾构推进轴线，减少不必要的盾构推进纠偏，且每次纠偏量不能过大，必须控制在允许的范围内。

(4)合理使用千斤顶，尽量保证环面受力均匀。

(5)掘进时必须同步注浆填塞建筑空隙，防止管片下沉而使轴线偏移。

(6)在盾构推进过程中，记录好进排浆流量、掘进速度、仓压变化情况、掘进前后盾尾间隙变化等参数变化。

(7)掘进结束管片拼装时，要求拼装工利用盾构与管片间隙，加贴软木楔形或硬木楔形进行纠偏。

(8)如果盾构的轴线受到管片位置的阻碍而不能进行纠偏的话，采用楔形环对管片拼装的位置进行调整，使管片中心落在轴线允许的偏差范围内，要纠正盾构的轴线必须结合管片的轴线。

(9)为了防止盾构在拼装时后退，应该正确地控制千斤顶的收缩，不在当前管片拼装的千斤顶不得缩回，管片拼装到位后应及时将千斤顶重新靠上，并使其压力达到设定的压力值。

(10)要求维保人员维修好设备，杜绝液压系统的泄漏，确保千斤顶具有良好的自锁性能。

186. 同步注浆的作用是什么？

答：

同步注浆的作用如下：

(1)及时填充盾尾建筑空隙，支撑管片周围岩体，有效地控制地表沉降。

(2)凝结的浆液将作为盾构隧道的第一道防水屏障，能够改善管片结构防水和抗渗性能，增强盾构隧道的防水能力。

(3)为管片提供早期的稳定并使管片与周围岩体一体化，限制隧道结构蛇行，有利于盾构姿态的控制，并能确保盾构隧道的最终稳定。

187. 泥水盾构中使用压滤机进行泥浆处理的原因有哪些?

答:盾构机通过黏土地层掘进时,由于泥浆黏度较高,其中的细颗粒较多,旋流器的分离指标会下降,引起泥浆比重和黏度上升,直接影响了泥浆的携渣能力及环流系统的泵送能力,进而影响到盾构机的掘进效率。

压滤系统的作用就是在黏土层旋流筛分设备不能分离出足够的固相、不能将泥浆密度还原到掘进初期的低值时,进行彻底的固液分离,通过分离出足够的低含水率干土、回收足够的低固含滤液,将泥浆比重还原到掘进初期的所需值。

188. 盾构机在砂层中被抱死的原因分析、预防措施及处理方法有哪些?

答:

(1)盾构向前推进,推不动的原因分析:

盾构掘进,推进油缸的推力主要是需要克服掌子面的水土压力、盾壳外围的摩擦力、盾尾刷与管片的摩擦力以及后配套拖车的摩擦力。在砂质地层,地层比较松软,盾构停机时间过长,四周的砂等将盾构紧紧抱住,再向前推进时,需要克服的盾壳外围的摩擦力就大大增加,出现推进力不足以克服阻力的现象,故盾构机不能向前推进。

(2)预防措施:

①在砂质地层掘进时,可以通过膨润土管路向盾构的四周注入膨润土,进行润滑,减小摩擦。

②在盾构机突然出现机械故障,需要在较长时间内停机时,可以通过膨润土管路向盾构外围注入膨润土,防止盾构被抱死。

(3)处理方法:

①向盾构机外围注入膨润土。

②采用"蛇行掘进",即使用导向油缸将刀盘部分向前伸出,然后在推进油缸加力的状态下,收缩导向油缸,将盾构的后面几节向前推进。

③在推进油缸的相邻位置再另外增加液压油缸助力。

189. 盾构掘进时管片破裂的原因分析和处理措施有哪些?

答:

(1)原因分析:

①单个或某一区推进油缸油压高、推力大、管片受力不均匀,致使管片严重碎裂。

②盾构机单次纠偏过大,盾尾间隙严重不均匀,致使管片在脱出盾尾时与盾壳发生严重挤压,从而造成管片严重碎裂。

③浆液的质量较差,浆液注入建筑间隙后凝固慢,致使管片浮动。管片脱出盾尾受浆液的影响,上下稍稍移动就会造成管片的破损。

④同步注浆或二次注浆压力过高,挤压管片造成破裂。

(2)处理措施:

①掘进过程中主司机避免将单个或某一区推进油缸油压调得过高,尽量使各个分区油压相差不要太大。

②纠偏原则是勤纠、少纠,盾构机单次纠偏不宜过大,使盾尾间隙上下、左右尽量均匀。

③通过改变浆液配比,改善浆液质量,以缩短浆液凝固时间。

④严格控制同步注浆或二次注浆压力,压力设置不能过高。同步注浆压力不能超过0.3MPa,二次注浆压力不能超过1.5MPa。

190.在砂卵石地层中盾构施工时应如何减少刀盘、刀具及管路的磨损?

答:

(1)在盾构掘进过程中,应严格控制刀盘的转动扭矩、转速等关键参数,使之严格控制在合理范围内。

(2)有计划性地更换刀具,特别是刀盘的边刀(保径刀)应及时进行更换。

(3)对于长大隧道,在条件允许的情况下,对刀盘进行耐磨处理和管路更换。

191.盾构法隧道地层位移的原因有哪些?

答:盾构法修建隧道引起地层位移的主要原因是施工过程中的地层损失、地层原始应力状态的改变、土体的固结及土体的蠕变效应、衬砌结构的变形等。

主要表现在以下几个方面:

(1)因开挖造成地层原始应力状态的改变,从而引起地层位移。

(2)因地层损失引起地层位移。

(3)因盾构的推进,引起的土体孔隙水压力变化,或因降水引起地下水位下

降,引起土体的固结沉降。

(4)管片结构变形及土体的次固结和流变。

192.盾构在掘进中的防泥饼措施有哪些?

答:当盾构穿越的地层主要有泥岩、泥质粉砂岩、砂岩、黏土层时,盾构掘进时可能会在刀盘尤其是中心区部位产生泥饼,此时,掘进速度急剧下降,刀盘扭矩也会上升,大大降低开挖效率,甚至无法掘进。

盾构掘进中的主要技术措施如下:

(1)加强盾构掘进时的地质预测和泥土管理,特别是在黏性土中掘进时,更应密切注意开挖面的地质情况和刀盘的工作状态。

(2)增加刀盘前部中心部位泡沫注入量并选择较大的泡沫注入比例,减少渣土的黏附性,降低泥饼产生的概率。

(3)必要时在螺旋输送机内加入泡沫,以增加渣土的流动性,利于渣土的排出。

(4)必要时采用人工处理的方式清除泥饼。

193.保证盾构正面土体稳定,有效地控制轴线和地层变形的措施有哪些?

答:

有效地控制轴线和地层变形的措施如下:

(1)在盾构施工中根据不同土质和覆土厚度、地面建筑物,配合监测信息的分析,及时调整平衡点。

(2)控制每次纠偏的量,减少对土体的扰动。

(3)及时调整注浆量和注浆压力。

194.盾构掘进前应做哪些准备工作?

答:

盾构掘进前应做好以下准备工作:

(1)检查各润滑点是否有足够的润滑油或润滑脂。

(2)检查液压系统油箱内液压油是否足够,并观察液位计,需要时应补足液压油。

(3)检查各压力表显示是否正常,必要时及时更换修理。

(4)检查各电器操作按钮设备是否能正常工作。

(5)隧道内照明、信号、通信、控制电缆的长度应有足够的余量。

(6)检查压力平衡系统是否处于良好的状态,各土压传感器、放大器是否连接可靠并能正常工作。

(7)检查数据采集系统各传感器、计算机、记录仪及打字机是否完好,是否已显示日期、时间等环境参数。

195.软岩施工控制要点及处理措施有哪些?

答:

(1)在软岩地质条件下进行掘进时的控制要点为加强渣土管理,减小地层损失,控制地表沉降;防止生成泥饼,保持施工效率。

(2)处理措施:

①合理设计盾构刀盘结构形式,选用较大的刀盘开口率,并利用齿刀进行掘进,以便渣土顺利通过刀盘开口及刀孔从掌子面进入土仓。

②结合地层物理力学性质及隧道埋深,选取合适的土仓压力,采取土压平衡模式掘进,并在掘进过程中严格控制掘进与出渣速度,保持土仓压力相对稳定,有效地平衡掌子面水土压力,保持掌子面稳定。

③通过向掌子面、土仓和螺旋输送机注入泡沫、加强渣土改良,保持渣土的可塑性及流动性,避免渣土固结形成泥饼。

196.硬岩施工控制要点及处理措施有哪些?

答:

(1)在硬岩地质条件下掘进施工控制要点为加强刀具管理及刀盘刀具保护,加强盾构机姿态控制与管片背后注浆控制,及时掌握管片位移情况,保持隧道线形。

(2)处理措施:

①合理设计刀盘结构形式,刀具形式,一般在岩石单轴抗压强度高于80MPa的情况下宜选用单刃盘型滚刀破岩,同时还需结合岩石强度和节理裂隙发育情况合理设计盘型滚刀刀间距、根据国内岩石强度高于80MPa的情况下盾构刀盘设计与使用情况,刀间距选取90~100mm较为合适。

②在硬岩地层条件下,可采取敞开模式进行掘进,并以刀具贯入度为掘进参数

控制基准。由于盾构掘进速度等于贯入度乘以刀盘转速，为保证盾构掘进效率，在全断面硬岩情况下刀盘转速可取较大值，以提高掘进速度。同时，盾构掘进总推力应以不超过刀具受荷容许承载力之和为控制上限，不可盲目加大推力掘进。

③在硬岩地层条件下，管片背后注浆宜采用快凝的双液浆或水泥砂浆，以使管片尽早稳定。

④在硬岩连续分布，且长度较大时，可采取矿山法开挖，锚喷支护，然后采用盾构空推拼装管片衬砌的方法进行施工，这种方法可规避盾构在长距离硬岩条件下掘进刀具消耗量大、掘进效率低的风险。

197. 软硬不均地层施工控制要点及处理措施有哪些？

答：

(1)在软硬不均地层施工控制要点为做好刀具筹划管理，加强刀盘刀具保护；充分利用辅助措施保证开仓安全。

(2)处理措施：

①开挖仓压力的选择。应在能保证地面环境安全的前提下，选取尽可能小的开挖仓压力进行掘进，其他掘进参数以控制贯入度为基准、控制总推力为目的进行调整；刀盘转速则根据掘进时，刀盘前方的响声及震动情况确定，一般应选取较低的刀盘转速进行掘进。

②在掘进过程中，通过观察掘进参数、渣土性质与成分、渣土温度、刀盘前方的响声及震动情况等判断掌子面地层情况、判断刀盘刀具情况，避免造成刀具非正常损坏与刀盘磨损。

③结合区间隧道全线地质情况，做好刀具检查及更换计划，尽可能按照计划进行开仓作业，避免因随意开仓导致掌子面失稳的情况发生。一般情况下，可采取带压进仓的方式进行刀具的检查和更换。

④在必要和地面环境条件允许的情况下，可利用从地面注浆、旋喷等辅助手段对隧道地层进行加固处理，然后在加固区内进行开仓检查、更换刀具等作业。若采用地面注浆地面注浆方式对地层进行加固，加固范围可根据地层物理力学性质，将加固区作为挡土墙进行计算确定，一般可取刀盘前方3m、后方1.5~2m、左右各2.5~3m；注浆孔采取梅花形布置，间距为1m为宜。

第七章　泥水盾构维护与保养

198. 泥水盾构维护与保养主要内容有哪些?

答:

泥水盾构维护与保养主要内容如下:

(1)盾体:维护铰接密封、铰接液压缸、推进液压缸。

(2)主驱动:主轴承、变速箱、减速机、液压电动机等。

(3)管片拼装机与管片运输系统:管片拼装机、管片吊机、喂片机的维保。

(4)注浆系统:注浆泵冷却及管路清理、疏导。

(5)液压系统:主驱动液压系统、推进液压系统、拼装机液压系统、注浆液压系统、辅助液压系统。

(6)水循环系统:冷却循环水、排水系统。

(7)主机控制系统:主控室内PLC(可编程逻辑控制器)、工业电脑PLC、继电器和接线端子等。

(8)供电系统:高压电缆、高压开关柜、变压器、配电柜等。

(9)其他电气设备:摄像头、遥控器等。

(10)泥浆泵:轴承、叶轮、密封水、润滑等。

(11)管路延伸系统:油缸、限位轮、润滑等。

(12)刀盘:刀具更换、紧固;回转中心转动情况、液压阀、管等。

(13)后配套系统:拖车行走、连接销、连接板等。

(14)压缩空气系统:空压机、储气罐、保压系统等。

(15)油脂润滑系统:气动泵、电动泵、管路等。

(16)膨润土系统:流量计、管路、液位传感器等。

(17)通风系统:风机、风筒等。

(18)泥浆管路:法兰、闸阀、软连接等。

199. 泥水盾构维护与保养的原则是什么?

答:维护与保养工作是按照泥水盾构机的各主要组成系统给出的,按照各种以时间间隔和部件类型分类的表格中所列要求,进行维护保养工作。盾构机的维护与保养工作遵守十字作业方针，即“清洁、润滑、紧固、调整、防腐”。

200. 如何做好泥水盾构机的维护与保养？

答：所有泥水盾构机的维护与保养工作一定要遵守使用说明书的要求，在保证安全的条件下进行，维护都要认真做好书面记录，方便采取措施处理故障和维护工作有计划地实施。

201. 泥水盾构机的维护与保养的方法有哪些？

答：在维护与保养过程中，通过有效手段对泥水盾构机检查、监控，并科学分析和及时处理，掌控设备实际状态，提高使用效率。根据系统检测数据和现场检查结果，发现问题并及时采取措施进行处理，并结合现场检查与处理措施，使盾构机内清洁、紧固、润滑等工作有计划地执行。

202. 泥水盾构机的维护与保养计划包括哪些？

答：维护与保养计划一般要包括日常维护、定期维护、不定期维护和长停机维护工作。

203. 泥水盾构机的维护与保养流程有哪些？

答：每日都安排一定时间对盾构机进行维修保养工作，主要是检查、清洁、润滑；每月对盾构机各系统进行评审，检查盾构机各大系统（泥浆环流系统、推进系统、注浆系统、辅助系统、管片拼装系统、吊机、润滑剂密封系统、水循环系统）运行情况，并进行相应的维修保养。对于损坏的部件，应立即更换；对存在故障隐患的部位，应及时排除，各润滑部位及时加注润滑脂或润滑油。

204. 泥水盾构机各个系统如何维修保养？

答：

泥水盾构机主要包括泥浆环流系统、推进系统、注浆系统、辅助系统、管片拼装系统、吊机、润滑剂密封系统、水循环系统。其维修与保养措施如下：

（1）对每个系统相应的使用及维修保养人员进行培训，经考试合格后持证上岗。

（2）实行岗位责任制，实行“二定三包”，即定人、定岗和包保管、包使用、包维修与保养。

(3)建立盾构机履历簿、运转记录、状态监测记录、维修保养记录,实行盾构机的表格化管理。

(4)对盾构机各个系统运行情况进行记录,详细记录和考核油料消耗、配件消耗、电力消耗等,出现较大波动时对对应系统进行专项检查、维保。

205. 泥水盾构机自动保压系统该如何保养?

答:每日维护的主要工作任务是冷凝水排放、检查润滑油和空气压机系统的管理。冷凝水排放涉及整个启动系统,从空压机、储气罐、管道系统及空气过滤器、干燥机和自动排水器等。在停机时,应将各处冷却水排放掉,注意查看自动排水器是否工作正常,分水过滤器的水杯内不应存水过量。

在气动装置运行时,应检查油雾器的摘油量是否符合要求,油色是否正常,即油中不应混入灰尘和水分等,确保油品和纯净度。

空压机系统的日常管理工作是:是否向冷却器供给冷却水;空压机有否异常声音和异常发热;润滑油位是否正常。

每周维护的主要内容是漏气检查和油雾器管理,严重泄漏必须立即处理,如软管破裂、链接松动等。

206. 中继泵选型与安装位置如何选择?

答:为了选择合适的交流电机驱动中继泵,必须计算出泥浆泵的轴功率 P。泵装置是泵及其附件、吸入管路、排除管路等的总称。泵的配套功率 N 是整个泵装置的功率,实际工程中需准确地配套功率。

加装位置则需计算沿程损失、入口水头损失、闸阀水头损失、出口水头损失等,再通过泵的扬程计算出泵的安装位置。

中继泵安装示意图如图7-1所示。

图7-1　中继泵安装示意图

207. 如何减少中继泵安装占用直线工期时间?

答:提前准备安装所需物料,安装前下好料,在运输材料至隧道内时尽可能保证不影响盾构掘进所需材料的运输;运输泵、电柜时,需在保证安全的前提下提高运输效率;链接管路时,必然会占用直线工期,一方面需提高链接效率与链接质量,另一方面在链接管路过程中尽可能同时完成需停机处理的设备问题。

208. 如何有效降低中继泵变频柜温度?

答:通过变频器工程应用经验的积累,针对不同的应用环境现场,提供完整的变频器冷却系统解决方案。

常用的几种冷却方式主要包括:①风道开放式冷却;②空调密闭冷却;③空-水冷密闭冷却;④设备本体水冷却;⑤上述方式组合冷却。

209. 电瓶车防溜车措施有哪些?

答:

(1)电瓶车自身配备驻车制动器系统,当电瓶车停靠时,除了其自身的驻车制动器外,我们应立刻采取手动方式进行制动,以防发生制动不够而溜车的现象。

(2)随车配备挡轨器,后配套运行停止时,必须同时启用制动及挡轨器,防止溜车。

(3)当电瓶车停靠时,在电瓶车前后部位设置限位器,防止电瓶车由于负荷变化而发生溜车的事故。

(4)为了保证电瓶车有良好制动,电瓶车轨道上要做到没有油和泥,在大坡度路段还要撒沙,增大摩擦力。

(5)为防止溜车冲入后配套发生事故,在最末尾台车加装防撞梁。

(6)对操作人员进行严格的操作交底与监督。

(7)对设备进行日常维保,确保设备正常。

(8)制订溜车应急方案并严格落实,确保安全。

210. 如何防止龙门吊大小钩溜钩?

答:起重卷扬机的制动机构是起吊重物的保险装置,每次吊重应先检查制动性能,如发现有溜钩现象应及时调试,发现制动过紧也要调整好,以防负重后包鼓(制动鼓)引起落钩困难,造成重大隐患。大吨位重物起吊时,机房应有专人值班监控,防止卷扬机排绳紊乱和刹车出现问题,以及横移重物时天车运行出现问题,在发现紧急情况时,值班人员可边呼喊通知操作员边拉动紧急开关处理。起吊作业时,操作员必须听从信号员的指挥,以保证人身安全为第一责任,操作员发现有不安全因素时应通知信号员及时予以更正,并提醒作业人员按安全要求进行作业,起吊作业中严格按《起重作业“十不吊”》和《安全操作规程》进行作业。

211. 如何减少龙门吊钢丝绳磨损?

答:

导致钢丝绳的断裂原因有以下五点:

(1)钢丝绳的弯曲率半径,对钢丝绳的影响很明显,当绳轮直径减小时,钢丝的弯曲变形加速,弯曲应力增大,导致钢丝绳磨损加速,因此,加剧了钢丝绳寿命。

(2)在钢丝绳绕过绳轮时,绳轮与钢丝绳接触面的压力和相对滑动,使钢丝绳磨损断丝,接触应力越大,断丝越迅速。

(3)点接触钢丝绳,由于钢丝间接触应力大,加上钢丝的交叉增加横向压力,强度损失要比线接触时大,抗疲劳性能也差,因此线接触钢丝绳比点接触钢丝绳寿命长。

(4)如果龙门吊钢丝绳一个捻距间的断丝数达到全部钢丝的10%时,持续运用,绳的断丝速率就会明显加速,短时就会出现断股。

(5)如果其余条件相符时,采用的钢丝绳安全系数越高,其使用寿命就越长。

212. 砂浆站日常维护与保养有哪些注意事项?

答:

砂浆站日常维护与保养的注意事项:

(1)整机是否平稳,搅拌及提升机构运转是否正常。

(2)叶片是否松动,叶片与衬板间隙是否小于5mm。

(3)检查减速箱油位是否缺油。

(4)检查行程开关摇臂是否松动。

(5)根据情况对各润滑点加注润滑油脂。

(6)各电机、电气元件接线是否松动;交流接触器动作是否正常;电气接地是否良好。

(7)检查搅拌轴是否有砂浆流出,若流出需更换密封圈。
(8)检查起吊钢丝是否损伤、缺油;钢丝绳固定短绳是否牢固。

213. 管路延伸机构日常维护与保养有哪些注意事项?

答:
管路延伸机构日常维护与保养的注意事项:
(1)每班紧固吊装葫芦拉紧泥浆管。
(2)检查减震后是否破损、变形。
(3)检查管路是否漏浆。
(4)检查内外软管是否干涩。
(5)吊装横梁是否变形。
(6)驱动的链轮链条清理泥渣。
(7)驱动的链轮链条涂抹润滑油脂。
(8)在台车上方的滑板涂抹润滑油脂。
(9)导轨轨道表面涂抹润滑油脂。
(10)从动轮装置轴承加润滑油脂。
(11)微调装置注入润滑油脂。

214. 管路延伸机构操作时有哪些注意事项?

答:
管路延伸机构操作时的注意事项:
(1)注意延伸机构动作是否流畅。
(2)注意是否有异响。
(3)注意微调油缸动作是否流畅、到位。
(4)注意链轮链条处是否清洁,没有杂物。
(5)注意限位。

215. 泥浆泵日常维护与保养有哪些注意事项?

答:
泥浆泵日常维护与保养的注意事项:
(1)检查填料密封水是否正常。

(2)检查叶轮间隙。

(3)润滑轴承。

(4)润滑离心密封。

216. 泥浆泵的选型有何要点?

答:泥浆泵的选型依据应根据工艺流程、给排水要求,从液体输送量、装置扬程、液体性质、管路布置、操作运转条件等五个方面加以考量。

(1)选择泵时,以最大流量为依据,兼顾正常流量。在没有最大流量时,通常可取正常流量的 1.1 倍作为最大流量。

(2)液体性质,包括液体介质名称、物理性质、化学性质和其他性质。物理性质有温度 c、密度 d、黏度 u、介质中固体颗粒直径和气体的含量等。

(3)装置系统的管路布置条件指的是送液高度、送液距离、送液走向,吸入侧最低液面、排出侧最高液面等相关数据和管道规格及其长度、材料、管件规格、数量等,以便进行系统扬程计算和汽蚀余量的校核。

(4)操作条件的内容很多,如液体的操作 T、饱和蒸汽力 P、吸入侧压力 PS(绝对)、排出侧容器压力 PZ、海拔高度以及环境温度操作是间隙的还是连续的、泵的位置是固定的还是可移的。

217. 主驱动日常巡查有哪些内容及注意事项?

答:

主驱动日常巡查的内容及注意事项:

(1)主轴承、变速箱齿轮油温度。

(2)主轴承密封(HBW)油脂分配电动机工作正常。

(3)主轴承齿轮油分配电动机是否正常。

(4)主轴承外圈润滑油分配电动机工作正常。

(5)齿轮油滤芯压差开关所反映情况。

(6)主驱动密封过压使用。

(7)减速机冷却水流量。

(8)主驱动电动机工作温度。

(9)主驱动电动机泄漏油温度。

(10)主驱动电动机工作压力。

218. 拼装机维护与保养有哪些注意事项?

答:

拼装机维护与保养的注意事项:

(1)管片拼装机工作平台是否牢固。

(2)管片拼装机液压油缸铰接轴承。

(3)管片拼装机回转支承工作。

(4)管片拼装机回转拖链和垂直拖链链接结构无损伤,功能正常。

(5)管片拼装机密封条密封板是否粘贴完好。

(6)管片拼装机定位销是否安装完好。

(7)管片拼装机真空系统管路有无漏气。

(8)管片拼装机真空系统电磁阀是否正常工作。

(9)管片拼装机真空度传感器是否正常。

(10)管片拼装机真空泵是否正常。

(11)管片拼装机空气滤芯是否需清洁、更换。

219. 拼装机真空吸盘维护与保养的注意事项有哪些?

答:

拼装机真空吸盘维护与保养的注意事项:

(1)检查吸盘是否变形、破损。

(2)龟裂的、破损的、老化的气管需更换。

(3)失灵的气管卡箍、阀门需更换。

(4)压力表、压力开关不精确的需更换。

(5)过滤器滤芯用压缩空气反吹清洁,如果堵塞严重则更换。

(6)钢结构上的螺钉松动需紧固。

220. 管片吊机日常维护与保养的注意事项有哪些?

答:

管片吊机日常维护与保养的注意事项:

(1)检查密封条是否完整。

(2)检查钢丝绳是否破损,定期润滑。

(3)起升电动葫芦环链涂抹适量齿轮油。

(4)行走小车传动链条涂抹适量齿轮油。

(5)真空系统管路连接处紧固。

(6)真空泵油位。

(7)限位开关是否正常。

(8)起吊装置油杯定期注入适量润滑油脂。

221.盾构机高压开关柜停、送电倒闸操作顺序与注意事项有哪些?

答:盾构机高压开关柜停、送电倒闸操作顺序按停电拉闸操→真空断路器(开关)→负荷侧隔离开关(刀闸)→母线侧隔离开关(刀闸)的顺序依此操作。停电拉闸操作必须按照真空断路器(开关)→负荷侧隔离开关(刀闸)→母线侧隔离开关(刀闸)的顺序依此操作。送电合闸操作应按与上述相反的顺序进行。

注意事项:

(1)停电应先拉开关后拉闸刀,送电应先合闸刀后合开关。

(2)开关两侧带有闸刀时,送电先合电源侧后合负载侧,停电先拉负载侧后拉电源侧。

(3)闸刀允许拉合空载母线和电压互感器,不允许拉合变压器。

(4)双母线倒排时,应将母联开关改为非自动。

(5)带有电压的线路送电,必须经过同期才能合开关。

(6)双母线倒排之前应将母差保护改为非固定连接方式。

(7)倒闸操作必须使用操作票,必须正确执行操作票的流程。

(8)倒闸操作必须得到上级调度部门的允许和批准,必须一人操作,一人监护。

(9)设备送电之前必须检查工作票已终结,接地线已拆除。

222.盾构低压开关柜停、送电及倒闸操作顺序是什么?

答:对低压柜全部进行停送电时,应将联络开关放在手动位置,并先停电容器后再停其他各路开关,最后再顺序关闭路低压开关,送电时与此相反。

223.长期停机时盾构机高压配电设备应如何保养?

答:

长期停机时盾构机高压配电设备保养应遵照以下原则:

(1)定期检查变压器,查看是否存在破损,铭牌是否完好清晰,确认外罩螺钉是否紧固,以减少变压器运行时外罩受震动而产生噪声。

(2)定期查看紧固电压调节连接片的固定螺钉处是否生锈,如若生锈应及时处理。

(3)定期检查高低压侧与电缆连接处是否接触良好,及时清理连接处表面的铁锈、污物等,污染严重的情况下应更换螺栓和垫片。

(4)恢复使用前查看温度指示仪和冷却风机是否正常工作。

(5)定期清洁变压器内部及灰尘。

224. 长期停机时盾构机变频器应如何保养?

答:

长期停机时盾构机变频器保养应遵照以下原则:

(1)检查变频器柜门是否能正常关闭。

(2)检查变频柜温度是否正常。

(3)检查风机是否正常工作。

(4)检查断路器和接触器工作时温升情况。

(5)检查电缆夹和连接端子温升情况。

(6)检查软启动器和变频器显示状态。

(7)检查断路器、熔断器、进线铜排等温升情况。

(8)检查主回路熔断器有无熔断现象。

(9)检查漏电保护器的漏电保护功能。

225. 盾构高压停电检修及突然断电应对措施是什么?

答:

盾构高压停电检修及突然断电应对措施:

(1)停电检修时需确保土仓仓压稳定,储气罐内气量满足仓内补气需求;同时需注意人员安全。

(2)突然断电时应及时联系配电人员送电,密切关注土仓压力,注意人员安全;高压电送电后送低压,及时启动空压机、冷却水泵,确认设备有无异常。

226. 高压电缆在推进过程中延伸时的注意事项有哪些?

答:

高压电缆在推进过程中延伸时的注意事项:

(1)用门吊将高压电缆卷筒支架吊下井,安排电焊工焊接在管片车上,要求定位准确,焊接牢靠。

(2)用门吊将高压电缆卷筒吊下井,放置在支架上,防止翻倒,要求卷筒转动灵活无障碍。

(3)在吊高压电缆卷筒支架的同时盾构停机,安排电工将洞内照明线路接至双梁处,断开地面高压电箱内的高压电,拆除最末尾拖车右侧高压柜内的高压电缆。

(4)电机车将高压电缆运至拖车尾部,安排 6 ~ 8 人将电缆拉出盘在拖车右侧的高压电缆存放区内。

(5)在盘放高压电缆的同时,安排 2 个电工安装高压电缆对接箱。

(6)将原先高压电缆的尾端和刚盘放电缆的一端接入高压电缆对接箱内,刚盘放电缆的另一端接入拖车右侧高压柜内。

(7)将拖车后的电缆绑扎结实,固定牢靠在管片上。

(8)割除管片车上的高压电缆筒支架并吊出,合上地面高压电箱内的高压电,盾构开机,做好掘进准备。

227. 主驱动维护与保养的注意事项有哪些?

答:

主驱动维护与保养的注意事项:

(1)主轴承、变速箱齿轮油温度。

(2)主轴承密封(HBW)油脂分配电动机工作正常。

(3)主轴承齿轮油分配电动机是否正常。

(4)主轴承外圈润滑油分配电动机工作正常。

(5)齿轮油滤芯压差开关所反映情况。

(6)主驱动密封过压使用。

(7)减速机冷却水流量。

(8)主驱动电动机工作温度。

(9)主驱动电动机泄漏油温度。

(10)主驱动电动机工作压力。

228. 主驱动密封有哪些类型?各有何特点?

答:现今盾构制造厂家使用的主驱动密封材质主要为聚氨酯指形密封和丁腈

橡胶唇形密封两种。二者原理如图 7-2、图 7-3 所示。

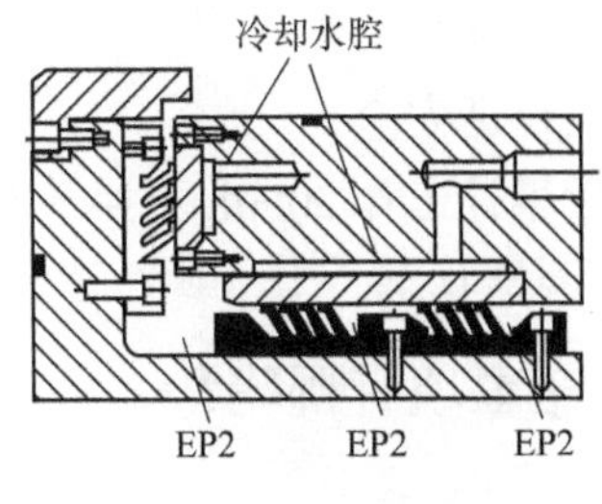

图 7-2　指形密封原理图

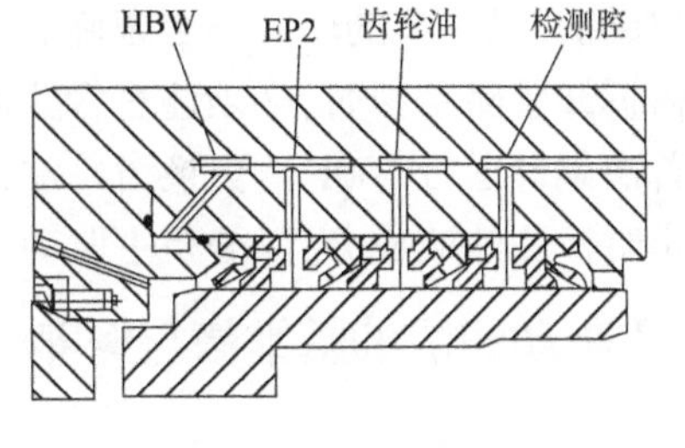

图 7-3　唇形密封原理图

(1)指形密封。材料为聚氨酯,盾构驱动上多用 4 指形密封,密封能力随着指数的增加而增大。一般设计为持续注入 EP2 黄油脂,注入的油脂压力大于土仓压力,同时油脂不断往外挤送,以达到密封的效果。3 道 4 指形的密封相当于 12 道密闭的腔体,因而此种密封结构能有效地防止渣土进入主驱动轴承内部。

(2)唇形密封。材料一般为丁腈橡胶,一般设计为靠近土仓第一道腔内注入 HBW 黑油脂,阻挡土仓内渣土进入主轴承。同时需第二道腔内注入 EP2 黄油脂,第三道腔注入齿轮油,最后一道腔体作为泄漏检测腔,不注入任何物质。这种注入带压油脂并不断往外挤送的密封方式可最大限度地保证驱动主轴承的清洁及安全。

一般情况下,唇形密封适用于高水头压力盾构机密封,使用 HBW 注入进行外密封,个别适应极高水头压力的唇形密封需要配置自动保压控制柜施工背压辅助进行控制。指形密封需要配置配套的水冷系统,避免主驱动升温导致密封失效,指形密封一般选择 EP1 进行润滑。

229. 什么是主驱动润滑系统？其工作原理是什么？

答:

(1)主驱动润滑系统是指针对盾构机主驱动内大齿圈、主轴承、小齿轮等传动部件用齿轮油强制润滑的系统。

(2)其原理是用一台螺杆泵从主变速箱底部将齿轮油泵出来,经过过滤、冷却后,从变速箱高处的油口注入主轴承和变速箱大齿轮圈等润滑部位,达到对主轴承和传动齿轮的润滑冷却作用。

230. 主驱动齿轮油维修与保养的注意事项有哪些？

答:

主驱动齿轮油维修与保养的注意事项:

(1)启动前需检查管路是否连接正确,各个阀门是否处于正确状态。
(2)启动前,确定泵的转向是否正确。
(3)需拆卸管路维修时,必须注意管路泄压,保证安全。
(4)首次累计运行 500h 要更换齿轮油,之后累计工作 2000h 更换一次。
(5)定时检测油液成分,以分析主驱动内部磨损状态。

231. 主驱动润滑油脂维修与保养的注意事项有哪些?

答:
主驱动润滑油脂维修与保养的注意事项:
(1)启动前需检查管路是否连接正确,各个阀门是否处于正确状态。
(2)启动前,确定泵的转向是否正确。
(3)需拆卸管路维修时,必须注意管路泄压,保证安全。
(4)首次累计运行 500h 要更换齿轮油,之后累计工作 2000h 更换一次。

232. 主驱动外密封油脂维修与保养的注意事项有哪些?

答:
主驱动外密封油脂维修与保养的注意事项:
(1)抬升油脂泵压盘时,要缓慢抬升,注意上方是否发生干涉。
(2)更换油脂桶时,注意防止杂物落入油脂桶内。
(3)需要拆卸管路或拆泵维修时,必须切断气源,防止误操作。
(4)拆卸油管时,必须先打开泵出口的泄压球阀进行泄压。
(5)进气管路的三联件内需要加油,油雾器滴油速度不能过慢。
(6)同步电动机发生故障后,需拆卸管路时,注意泄压。
(7)拆卸同步电动机后,同步电动机出口的管路必须用堵头封堵,防止泥浆从土仓反流进管道内。

233. 盾构机推进系统电气设备维护与保养的注意事项有哪些?

答:
盾构机推进系统电气设备维护与保养的注意事项:
(1)检查控制箱柜内能否正常关闭。
(2)检查端子盒盖螺钉是否紧固。
(3)检查电机接线盒密封及螺钉是否紧固。

(4)等电位链接状况。
(5)清理电机表面泥土。
(6)清理电缆线槽内泥土。
(7)清理接近开关感应板上的垃圾。

234. 泥浆环流系统电气维护与保养的注意事项有哪些?

答:
泥浆环流系统电气维护与保养的注意事项:
(1)检查流量传感器是否正常。
(2)检查密度计是否正常。
(3)检查压力传感器是否正常。
(4)注意电磁阀的防水与清洁。

235. 拼装机系统电气维护与保养的注意事项有哪些?

答:
拼装机系统电气维护与保养的注意事项:
(1)管片拼装机真空系统电磁阀是否正常工作。
(2)管片拼装机真空度传感器是否正常。
(3)管片拼装机真空泵是否正常。
(4)拼装机遥控器是否正常、清洁。
(5)无线接收器是否正常、清洁。
(6)各传感器是否牢固。

236. 管片吊运系统维护与保养的注意事项有哪些?

答:
管片吊运系统维护与保养的注意事项:
(1)检查密封条是否完整。
(2)检查钢丝绳是否破损;定期润滑。
(3)起升电动葫芦环链涂抹适量齿轮油。
(4)行走小车传动链条涂抹适量齿轮油。
(5)真空系统管路连接处紧固。

(6)检查真空泵油位。

(7)检查限位开关是否正常。

(8)起吊装置油杯定期注入适量润滑油脂。

237. 管路延伸系统维护与保养的注意事项有哪些?

答:

管路延伸系统维护与保养的注意事项:

(1)检查减震后是否破损、变形。

(2)检查管路是否漏浆。

(3)检查内外软管是否干涩。

(4)吊装横梁是否变形。

(5)驱动的链轮链条清理泥渣。

(6)驱动的链轮链条涂抹润滑油脂。

(7)在台车上方的滑板涂抹润滑油脂。

(8)导轨轨道表面涂抹润滑油脂。

(9)从动轮装置轴承加润滑油脂。

(10)微调装置注入润滑油脂。

238. 泥浆泵维护与保养的注意事项有哪些?

答:

泥浆泵维护与保养的注意事项:

(1)检查填料密封水是否正常。

(2)检查叶轮间隙。

(3)润滑轴承。

(4)润滑离心密封。

239. 配电室维护与保养的注意事项有哪些?

答:

配电室维护与保养的注意事项:

(1)配电室高压柜清扫前必须停电,参照《停电安全措施程序》。

(2)清扫瓷绝缘表面,并检查有无裂纹、破损和闪络痕迹。

(3)检查导电部分各连接点连接是否紧密,有无腐蚀现象;若有腐蚀现象,应除掉腐蚀层后涂抹中性凡士林。

(4)检查设备不带电的设备外壳和支架的接地线是否牢固可靠,有无断裂和腐蚀现象。

(5)检查传动机构和操作机构的各部位销子螺栓是否松动或短缺,操作机构的拉合闸是否灵活。

(6)恢复送电按操作票程序进行,完成后填写工作记录。

240. 龙门吊维护与保养的注意事项有哪些?

答:

龙门吊维护与保养的注意事项:

(1)检查制动器间隙是否合适。

(2)检查联轴器上的键及连接螺栓是否紧固;检查减速箱固定螺栓有无松动、断裂。

(3)检查电铃、各安全装置是否可靠。

(4)检查刹车皮及钢丝绳的磨损情况。

(5)检查控制器的触头是否密贴吻合及马达碳刷磨损情况。

(6)给滚动轴承注油。

(7)检查所有的电器设备的绝缘情况。

(8)控制屏、保护盘、控制器、电阻器及各接线座接线螺钉是否紧固。

(9)检查减速器的油量、制动滚压电磁铁的油量及润滑情况。

(10)检查传动噪声、运行速度、工作电流是否正常。

(11)检查钢轨的磨损、变形情况;检查车轮的磨损情况。

(12)检查吊钩的磨损、变形,特别是开口度的变化情况。

(13)检查和调整大、小车卷扬等传动机构电机、减速箱、对中情况。

(14)检查钢丝绳的磨损情况以及在卷筒的固定情况。

241. 电瓶车及蓄电池维护与保养的注意事项有哪些?

答:

(1)蓄电池维护与保养的注意事项如下:

①充电前后随机测量某一电瓶电解液比重。

②加补蒸馏水(周)。

③检查所有蓄电池电解液的比重及温度。

④清理维护蓄电池联结插接器。

(2)机械系统维护与保养的注意事项如下:

①检查制动装置各杆销状态闸瓦间隙。

②检查橡胶弹簧有无异常。

③检查轴箱表面温度不得高于外界温度30℃。

④检查行走减速箱油封(月)。

⑤检查车轮磨损情况。

(3)空气制动系统维护与保养的注意事项如下:

①总风缸排水及污染物。

②分水滤气器排污。

③检查清扫空压机充气滤清器。

④检查空压机驱动三角皮带。

⑤清洗分水滤气器滤芯。

(4)电气系统维护保养注意事项如下:

①检查操纵系统开关是否灵活。

②检查输出电压是否正常。

③检查电机各处螺栓是否松动。

242. 砂浆站维护与保养的注意事项有哪些?

答:

砂浆站维护与保养的注意事项:

(1)检查整机是否平稳,搅拌及提升机构的运转是否正常。

(2)检查叶片是否松动,叶片与衬板间隙是否小于5mm。

(3)检查减速箱油位是否缺油。

(4)检查行程开关摇臂是否松动。

(5)根据情况对各润滑点加注润滑油脂。

(6)检查各电机、电气元件接线是否松动;检查交流接触器动作是否正常;检查电气接地是否良好。

(7)检查搅拌轴是否有砂浆流出;若有砂浆流出则需更换密封圈。

(8)检查起吊钢丝是否损伤、缺油;钢丝绳固定短绳是否牢固。

243. 做油水化验的注意事项有哪些?

答:

做油水化验的注意事项:

(1)加热样品时,温度不要过高,时间不宜过长。

(2)样品要充分搅拌均匀。

(3)取样要精确,必须使用合格的计量器具。

(4)蒸馏过程按标准进行。

(5)准确判断分析结果。

(6)准确度数并正确计算结果。

244. 通风系统的维修与保养作业有哪些?

答:

通风系统的维修与保养作业:

(1)检查隧道内外风机是否正常工作、有无异常声响。

(2)检查风筒卷筒的固定。

(3)软风管是否破损或褶皱严重。

(4)叶片固定螺栓无疲劳裂纹或磨损。

245. 更换油箱循环过滤器滤芯的步骤是什么?

答:

更换油箱循环过滤器滤芯的步骤:

(1)断开设备开关阀门并降压。

(2)拧下过滤器外壳,并把剩余的液压油倒入一容器中。

(3)取出滤芯元件。

(4)检查滤芯外壳。

(5)确保滤芯外壳的O形密封圈和轴承环完好无损。

(6)用干净的液压油清洗O形密封圈,装回原位后在其上加注少量液压油,并使滤芯的中心孔与滤芯外壳的中心轴对齐。

(7)将少量清洁的液压油加注到滤芯外壳的螺纹上,并将滤芯外壳与滤芯头上紧。

(8)打开阀门给液压系统加压,测试过滤器是否泄漏。

246. 更换回油过滤器与进油过滤器操作有何区别?

答:在更换进油滤清器时,需拧下滤芯头,将滤芯头和滤芯元件一起拉出,需注意保证滤芯头的清洁;在更换回油滤清器时则是先拧下滤芯外壳后,再取下滤芯元件。

247. 吊出转场流程(盾构吊出车站)是什么?

答:

吊出转场流程:

盾构机出洞→到达刀盘拆卸位置→拆卸刀盘并运输到组装车站卸车→向前移动主机至盾尾完全出洞→盾尾上部吊出并放于地面→平台与双梁分离→平台的吊出并放于地面→螺旋机吊出放于地面→管片安装机吊出放于地面→盾尾下部分吊出放于平板车→后退中前体分离→前体上部吊出放于平板车→主驱动吊出放于平板车→前体下部吊出放于平板车→运输前体上、主驱动、前体下到组装场地并卸车→中体上部吊出放于平板车→中体下部吊出放于平板车→运输中体上、中体下并卸车→轨线铺设并延长→移动后配套以及双梁→拆除双梁并放于地面→1号、2号、3号、4号拖车逐一起吊放于平板车并运输到组装场地并按4号、3号、2号、1号顺序逐一下井→盾尾上、盾尾下、平台、螺旋输送机、管片安装机、双梁以及其他杂料凑整车进行清场运输到组装场地并卸车。

248. 组装流程(盾构组装车站)是什么?

答:

组装流程:

双梁下井并与拖车进行连接→拆除铺设轨道→始发台定位→前体下部分下井→中体下部与盾尾下部连接整体下井→中体上部分下井→主轴承下井→前体上部分下井→前体与中体用铰接油缸连接→下管片拼装机→下刀盘→下螺旋输送机→下平台→下盾尾上→主机与双梁连接→盾构机组装完成。

249. 盾构机施工完成后,如何对主轴承进行检查以确定其性能?

答:

(1)检查声音。在盾构机刀盘空转的过程中,由于不受外载负荷的影响,发出的应是一种很纯的、均匀的声音。如发现有异响,说明轴承的磨损已不均匀,需进

行维修。

(2)检查位移。在刀盘旋转时,我们可以仔细地观看刀盘旋转的过程,看刀盘是否有摆动现象或转速是否有突变的过程。

(3)检查主轴承油脂。让主轴承旋转一段时间,待油温升高,油脂达到一定的黏度后,取出一小瓶进行检测,查看检测报告的情况,从而知道主轴承的磨损情况。

250. 盾构机的随机保养制度有哪些具体要求?

答:

盾构机的随机保养制度的具体要求:

(1)盾构机随机保养应有专门技术人员负责。

(2)随机保养技术人员对设备保养人员进行现场技术指导,并对其负责。

(3)盾构机随机保养操作人员必须按照盾构机作业文件要求进行作业。

(4)随机保养技术人员有权处理工作中发现的违章作业行为。

251. 如何做好盾构机油水检测工作?

答:

(1)取油:

①对每台设备的润滑部位及名称、加油点和取油点、每个加油点油品和牌号进行规范化,并记入检测档案。

②取油的时间应在刚停机的一定时间内抽取。

③取油的器具一定要清洁。

④对抽取油样的时间、部位及取样人记录清楚。

⑤定期取样化验间隔应科学规范。

⑥按期将盾构机油水的检测时间、检测结果记入盾构机履历书,作为换油依据。

(2)油水化验:

①各种化验仪器清洁。

②油水化验室环境的温度和清洁度达到要求。

③化验仪器的操作,必须按照相应的操作规程进行。

④换油指标:当检测油品的指标不合格时,应该换油。

根据油水化验结果分析设备的磨损规律和状况,及时总结,预报设备的潜在故障。

252. 盾构机拆机存放过程中检查的项目有哪些?

答:

盾构机拆机存放过程中检查的项目:

(1)在拆机过程中,必须进行盾构机的全面检查。

(2)对刀盘磨损状况、焊接质量、刀具安装孔情况、刀座情况、面板情况、泡沫孔情况等进行检查。

(3)检查主轴承状况,包括密封情况(包括密封槽的磨损情况)、滚动体情况(根据油液进行评估)、齿轮磨损情况等。

(4)螺旋输送机机械性能检查,包括螺旋输送机轴叶片的磨损、筒壁的磨损、螺旋输送机轴叶片和筒体的同心情况、前后仓门机械状况等。

(5)盾体的机械性能检查,包括盾体的变形情况、盾体磨损情况等。

(6)液压系统性能检查,包括系统密封性、执行元件的动作、控制操作元件的灵活性、动力元件的机械性能、辅助元件的状况等。

(7)电器系统的检查,包括线路状况,变压器、整流器、变频器的电气特性,控制继电器的触点,软启动的性能,操作按钮和开关的灵活性,等等。

(8)其他部件的检查。

第八章　泥水盾构管片制作与拼装

253. 管片的生产与制作工艺流程是什么？

答：管片的生产与制作工艺流程如图 8-1 所示。

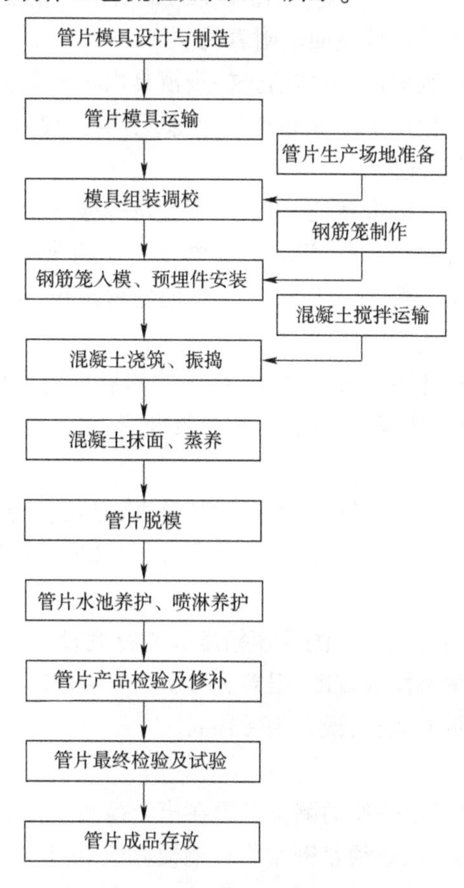

图 8-1　管片生产制作工艺流程图

1）管片模具设计与制造、运输

在管片结构施工图设计完成后，及时进行管片模具的设计与制造。设计时充分考虑模具有足够的刚度和耐久性。制造模具时应加强监造，保证模具的刚度。模具由专业公司生产，检验合格后，由运输汽车运到管片厂。

2)管片生产场地准备

根据本工程的实际情况,将对管片厂的场地进行改造修正。主要包括施作养护池、改造混凝土搅拌站、硬化部分管片存放场地,铺设水管、安装喷淋养护设施。

3)模具组装与调校

(1)模具组装。

①严格按照先内后外、先中间后四周的顺序,用干净的抹布彻底清理模具内表面附着杂物。关键部位(吊装孔座、手孔座)必须采用专用工具清除孔内积垢。最后利用压缩空气吹净模具内外表面的附着物。

②由专人负责涂抹脱模剂,涂抹前先检查模具内表面是否清理干净,不合格者立即返工清理。涂抹时使用干净抹布均匀涂抹,不得出现流淌现象。如出现流淌现象,则采用棉纱清理干净。

③将端模板向内轻轻推进就位,用手旋紧定位螺栓,使用端模的推上螺栓将端模推至吻合标志,把端模板与侧模板联结螺栓装上,用手初步拧紧后用专用工具均衡用力拧至牢固,特别注意严格使吻合标志完全对正位,并拧紧螺栓,不得用力过猛。

把侧模板与底模板的固定螺栓装上,用手拧紧后再用专用工具从中间位置向两端顺序拧紧,严禁反顺序操作,以免导致模具变形。

(2)模具调校。

组装好模具后,由专职模具检测人员对其宽度、弧长、手孔位进行测量,不合格者进行及时调校,必须达到模具限定公差范围,以保证成品精度。

①检测方法:

采用全站仪三维测量系统检测管模精度和进行调校,然后用 0 ~ 2300mm 量程的内径千分尺复核检测钢模的宽度,误差为 +0.2 ~ −0.4mm;用 0 ~ 5m 量程的钢卷尺复核检测钢模底板的弧长,误差为 ±1mm。

②调校注意事项:

a. 检测宽度时,内径千分尺的测头必须在指定检测点方能进行。

b. 检测弧长时,钢卷尺必须紧密贴附在钢模底板上,且对准钢模的边线。

c. 在模具投入生产后,每天必须对产品进行宽度、对角线的测量。

d. 如发现尺寸有超差,应立即对钢模进行检测。

钢模橡胶防水密封条属易损件,应每天检查并有足够的备用件。检查方法:每个工作日由组模人员目视检查是否有发生破损现象,如有立即调换新的防水密封条,避免因防水密封条破损而引起漏浆现象发生。

4)钢筋笼的制作、运输

(1)钢筋笼制作工艺流程:钢筋原材料检验→调直、断料→弯弧、弯曲→部件检查→部件焊接→钢筋骨架成型焊接→钢筋笼检验。

(2)钢筋笼制作工艺要点。

严格控制钢筋的原材料质量,未经检验和试验不合格的钢筋不得使用。钢筋的调直、下料、弯弧、弯曲,均采用人工配合钢筋加工机械完成,然后进行部件检查,对不合格的钢筋部件进行清理。合格部件可用于钢筋笼加工。钢筋先在小模型架上焊接成片,然后将成片的部件放在钢筋笼加工模型上用 CO_2 保护焊机焊接成型。成型后由检验员进行检查,针对管片的块号检查钢筋直径、数量、间距、焊接牢固情况、焊接烧伤情况,检查后进行标记,不合格的钢筋笼报废不得用于管片生产中。钢筋笼检验合格后,用20t 桥吊将钢筋笼放置在存放区,使用时用桥吊将钢筋笼装入车间内的轨行平板运输车,运到混凝土车间使用。注意:钢筋笼存放时采用防锈防蚀措施。

5)钢筋骨架入模及预埋件安装

(1)由专人按模具的型号规格将钢筋骨架、预埋件、螺旋构造钢筋、弯曲螺栓分别摆放在模具附近指定位置。

(2)检查钢筋骨架是否具备绿色合格标志牌,合格后安装上保护层垫块。垫块根据不同部位分别选用齿轮形和支架形两种。其中,支架形用底部对称设垫 6 只、封顶块底部对称设垫 4 只;齿轮形用于侧面,每块两侧面设垫 6 只、封顶块设垫 4 只,端面每块两侧设垫均为 4 只。

(3)用四点吊钩将钢筋骨架按模具规格对号入模。起吊过程必须平稳,不得使钢筋骨架与模具发生碰撞。

(4)安放预埋管时,先将管套上螺旋钢筋,将螺杆插入模具后进入预埋管管内,对准手孔座孔位处事先安放的垫圈,固定螺杆。

(5)螺杆头部必须全部插入到手孔座的模孔内,防止连接不紧出现缝隙造成漏浆现象。

(6)由专人检查各附件是否按要求安放齐全、牢固,不符合要求必须进行修正。

(7)检查钢筋骨架保护层垫块是否安放正确,保证主筋保护层为 50mm,侧面箍筋保护层为 25mm。

(8)对手孔垫圈锚固脚与钢筋骨架进行焊接,焊口要牢固。如附件、附筋与骨架碰不上,可加焊短钢筋连接,焊接同时要用特殊纸皮承接掉落的焊渣,以免烫伤模具内表面,降低光洁度。

6)混凝土搅拌、运输

混凝土现场采用混凝土搅拌站拌合生产。为保证混凝土性能的稳定,定期检验混凝土搅拌站上料系统和搅拌系统电子称量系统,保证机器运行精度。混凝土拌制后由试验工程师负责检查混凝土的搅拌质量,坍落度值一般控制在 50 ~ 90mm 为佳。

冬季施工时,为保证混凝土的性能,采用 45℃ 的温水搅拌,搅拌时先加砂、碎石,后加入水泥、外加剂搅拌,且保证搅拌时间不少于 2min,混凝土拌制后及时运入混凝土车间灌注混凝土。混凝土应随拌随用。

混凝土拌制好后,放入料斗,用平板车运到混凝土车间使用。

7)混凝土灌注、振捣、抹面

混凝土灌注前需严格检查预埋件。预埋件需在钢筋笼之前预先放置并固定于钢模上,依浇注前自检表检查,预埋件与固定座须完全紧密锁紧,合格后可灌注混凝土。

混凝土在搅拌站生产后,经轨行平板车拉入混凝土车间行吊及卷扬设备吊入钢模内边投料边用气动附着式振动器振捣;混凝土铺料先两端后中间,并分层摊铺,振捣也应先两端后中间,振捣出浆液为止;两端振捣后,盖上压板,压板必须压紧压牢;用气动附着式振动器振捣中间灌筑的混凝土,振捣时间 3 ~ 5min;振捣过程中须观察模具各紧固螺栓、螺杆以及其他预埋件的情况,发生变形或移位,立即停止浇筑、振捣,尽快在已浇筑混凝土凝结前修整好。

混凝土浇捣后 30 ~ 50min 拆除压板,进行管片外弧面的收水工序;先进行粗抹面,使用铝合金压尺,刮平去掉多余混凝土(或填补凹陷处),使混凝土表面平顺;然后进行中抹面,待混凝土表面收水后使用灰匙进行光面,使管片表面平整光滑;再进行精抹面,以手指轻按混凝土,当有微平凹痕时,用长匙精工抹平,力求使表面光亮无灰匙印。

打开顶部压板的时间一般在混凝土浇筑后 45min 左右,具体时间随气温及混凝土凝结情况而定。打开顶板时注意插牢顶板插销,以防顶板落下伤人。

在混凝土浇筑完 1h 左右拔出螺杆并及时清洗干净,涂抹黄油后放在模具的指定位置备下一循环使用。

8)蒸汽养护

采用蒸汽养护达到提高混凝土脱模强度、缩短养护时间,为加快模具周转创造条件。养护分两班进行,每班 12h,设专人负责。

混凝土初凝后合上顶板(不用拧紧螺栓),在模具外围罩上一个紧密不透气的帆布罩,进行蒸汽养护。

顶板作为支架支承帆布套,顶板不能与混凝土表面接触,并有10~15cm的距离,让蒸汽在此空间流动,帆布套脚应紧贴地面,压上重物,不让蒸汽跑出。

混凝土浇筑完成后静置约2h,加盖养护罩,引入饱和蒸汽进行养护。升温时间控制在2~3h,为防止温度升高过快造成混凝土膨胀损害内部结构,在自然温度下,每小时升温10~15℃,不得超过20℃;恒温阶段一般在1.5h左右;蒸养温度为50~60℃,最高不超过60℃;降温时间必须控制在1.5h以上,到达规定的蒸养时间后关上供汽阀,部分掀开帆布套,让模具和混凝土自然冷却1h后再全部揭走帆布套,0.5h后开始脱模。管片蒸汽养护控制见表8-1。管片出模后要加强水养护,以提高混凝土后期强度。

管片蒸汽养护控制　　表8-1

序号	项　　目	参　　数
1	管片静停时间(h)	2
2	升温梯度(℃/h)	10~15
3	蒸养最高温度(℃)	≤60
4	恒温时间(h)	1.5(根据季节温度定)
5	降温梯度(℃/h)	≤10

9)脱模

混凝土降温后将混凝土试块送试验室进行试压。强度达到18MPa以上时,接试验室通知后开始脱模。

脱模顺序:松开灌浆孔固定螺杆,打开模具侧模板,打开模具端板,将吊具连上管片,振动脱模。

脱模必须使用专用吊具,地面操作需4人配合进行,将吊具与管片的起吊预埋件相连,由专人向门吊驾驶员发出起吊信号,其中一人稍微开启中间振动阀,使管片与模具脱离。

将管片吊至翻片机上进行90°翻转,再换专用吊具将侧立的管片吊至平板车上。

脱模过程中严禁锤打、敲击等野蛮操作。

10)管片水池养护、喷淋养护

将放置管片的轨行平板车牵引到养护池边,用20t走行式门吊起吊管片,将管片放置于水池中进行养护。当管片在水池中养护时,应经常检查水温,防止水温过高和过低影响管片的强度增长。在水池中养护7d后，用门吊起吊管片，放置在翻转架翻转后用叉车转运到临时堆放厂的喷淋养护区。

管片转运过程应轻吊轻放，防止损坏管片边角，喷淋养护时应设专人经常喷淋养护，避免管片表面出现干燥无水。冬季时应采取保温措施，防止养护池和管片表面结冰，对混凝土产生不良影响。

11）管片堆放与运输

（1）管片堆放。

①管片在内弧面醒目处注明管片型号、生产日期和钢模编号。

②管片堆放排列对应整齐，并搁置在柔性垫条上，垫条厚度一致，搁置部位正确，并在垫条外有塑料套保护，以防垫条木质素污染在管片表面。

③管片堆场坚实平整，为便于管片外运，管片在堆场堆放的拟呈元宝形整齐堆放，堆放高度为3块；侧向堆放高度以3块为宜。

（2）管片运输。

①管片内弧面向上呈元宝形平稳地放于装有专用支架的运输车辆的车斗内。

②在同一车装运两块以上管片时，管片之间附有柔性材料的垫料，堆放高度以两块为限。

③配备能满足盾构施工需要的管片运输车辆，确保盾构推进连续性的需要。

12）成品检验及修补

（1）成品尺寸检验。

用0～2300mm和0～500mm量程的游标卡尺分别测量管片的宽度和厚度；用5m规格的钢卷尺测量管片弧长；用直径为ϕ1mm、长度为7m的尼龙线对管片扭曲变形情况进行检验；每块管片都进行外观质量检验，管片表面应光洁平整，无蜂窝、露筋、裂纹、缺角等现象。轻微缺陷进行修饰，止水带附近不允许有缺陷，灌浆孔应完整，无水泥浆等杂物。单块管片成品质量标准见表8-2。

单块管片成品质量标准 表8-2

序号	内容		检测要求	允许误差（mm）
1	外形尺寸	宽度	测三点	±1
		弦长、弧长	测三点	±1
		厚度	测三点	+3，-1
2	混凝土强度			≥设计强度等级
3	混凝土抗渗			≥设计强度等级

(2)产品修补。

对于深度大于2mm,直径大于3mm气泡,水泡孔和宽度不大于0.2mm的表面干缩裂缝用胶黏液与水按1:1～1:4的比例稀释,再掺进适量的水泥和细砂填补,研磨表面,达到光洁平整;破损深度不大于20mm,宽度不大于10mm,用环氧树脂砂浆修补后,再用强力胶水泥砂浆表面填补,研磨处理。

产品最终检验由安全质检部派出的质量监督员负责,不合格的产品及时标志和隔离,合格产品储存、出厂。

13)最终检验和试验

(1)混凝土强度试验。

每班生产至少作2次坍落度试验,强度试验须分三次投料,每次投料需捣实25次;样品应与制品条件完全相同情况下进行养护;施工时每天应制作4组(12块),分别为6h试验一组,7d试验一组,标养、同条件养护28d各试验一组;强度试验样品尺寸为100mm×100mm×100mm,于正式生产前至少提供2组测试资料。管片生产前期每50环做抗渗试块一组,生产正常后每100环做一组。

(2)环片抽检。

环片出厂前应对其如下项目按如下频率抽检:

①环片块单体弯曲试验:每1500环一次,使用标准片。

②环片块接合破坏试验:每500环一次,使用标准片或邻接片接合。

③环片块单体推力试验:每500环一次,使用封顶片。

以上各项若每季生产量不足500环时,每季仍需试验一次。“A”项环片试验不合格时,可再取两片重新试验;如再不合格则此批环片应不予使用。

对于螺栓、螺母等组件,每500个或同一批进货中抽样取两个做外观、形状、尺寸及螺栓精度检查,如不合格,则此批螺栓、螺母应不予使用。每5000个或同一批进货中抽样取两个做机械及物理性能试验,当试验不合格时,可再取两个重新试验,如再不合格则此批螺栓、螺母应不予使用。

环片生产正常后应对每日生产的不同类型的环片分别抽检两块,进行检漏,检查其抗渗性能。检漏标准:按设计抗渗压力恒压2h,渗流线不得超过环片厚度的1/3。

环片水平拼装检验应符合下列规定:

①由3环环片进行水平组合拼装,并经检验合格后,方可投入正式生产。

②环片投入正式生产后,对每套钢模生产的环片按如下规定作水平拼装检验。

③环片开始生产50环后进行水平拼装一次。

④开始生产100环后,再经一次水平拼装检验合格后可定为每生产100环作

一次水平拼装检验。

⑤水平拼装的检验标准,应符合表8-3要求。

管片水平拼装检验允许误差表　　表8-3

序号	项　目	检测要求	检测方法	允许误差(mm)
1	环向缝间隙	每环测3点	插片	≤2
2	纵向缝间隙	每条缝测3点	插片	≤2
3	成环后内径	测4条(不放衬垫)	用钢卷尺	±2
4	成环后外径	测4条(不放衬垫)	用钢卷尺	-2, +6

254. 管片生产质量保证措施是什么?

答:

管片生产质量保证措施:

(1)开展质量培训。

定期和不定期地对员工进行培训,尤其开始一项新的任务,在生产制作前,组织员工进行相应的理论和实践知识的培训,使员工工作水平不断提高。在员工中树立质量是做出来的观念,使质量工作变成员工的自觉行为。

(2)对设备进行维修及大保养。

对车间的各项设备进行全面的保养和升级。整修对象包括高精度钢模、平移小车、振动台、自动化搅拌楼等。

(3)车间基建设施方面的改造。

选用框架结构蒸养室,使蒸养室的坚固性、保温性、美观性都得到较大提升。对原有车间的钢结构顶棚进行增大自然采光面积的处理并且加设通风窗,提高车间整体的采光和通风性能。

(4)原材料质量保证。

管片原材料主要有砂、石、水泥、粉煤灰、外加剂、钢筋等。在砂、石原材料方面,我们采用长期供料且品质有保证的矿点生产的材料,若公司有自备的水运码头,在进货时严格验收,不合格的砂、石材料在船上即予以退货,根本不予进场。在水泥、粉煤灰、外加剂、钢筋等方面,同样采用进入入围名单、质量信誉好的厂家生产的产品。所有进厂的原材料都要经过严格的进货验收和送样检测,材料质量应有保证。

(5)加强过程控制,全面实行三检制。

过程控制,即把产品加工的过程分成若干主要工序,每道工序有专人负责,并对加工的半成品进行检验,上一道工序对下一道工序负责,下一道工序对上一道工序检验。对所有工序有记录台账,留有可追溯的原始记录。针对管片生产制定一套过程控制的质量表式,以达到过程控制的强制效果。管片制作质量的好坏,归根到底取决于工人的操作水平,检验工作只是一个辅助生产过程,不能直接决定产品的质量。因此,质量检验工作除了要有一支专业的检验队伍外,更重要的还是广泛发动生产工人参加,我们在生产中坚持实行生产工人的“自检”“互检”和检验人员的“专检”相结合的“三检制”。配备专业检验人员,把好产品的最终质量检验这道关。

(6)建立质量控制点。

管片生产质量控制上,不仅应做到全面,还应突出重点。因此,我们将管片生产整个工艺中比较重要的或容易产生质量问题的环节作为关键过程突出出来,建立质量控制点,加以重点控制。

①钢模检测。钢筋混凝土管片精度是以钢模加工和合拢振捣后的精度作保证的。因此对钢模精度的检查和控制尤为重要。正式生产前,公司进行了试生产后的钢模精度同实物精度对比检测及管片三环水平拼装精度的综合检测。各项检测指标均在标准的允许公差内,经现场工程师批准,方可投入正常生产。同时,在正常生产状态下,对钢模实施两种检查的管理,即浇捣前的快速检查和钢模定期检查。

②钢筋骨架制作精度。钢筋骨架制作在符合精度要求的专用靠模上加工成型,严格按图施工,控制焊接质量,并由专人检测、记录、挂牌标志。在总装时如发现误差,及时修正钢筋骨架在加工过程中所产生的变形。

③混凝土配料与搅拌。给管片供料的搅拌楼采用的是微电脑自动控制称量系统,称量精度高。按照规定进行定期计量校验,把称量误差控制在允许误差之内。加强对混凝土拌制质量的检测,专职人员用测试工具和目测的方法对每拌料严格控制其工作性,以确保混凝土拌制质量满足设计规定的要求。

④在制作浇注成型管片时,喂料、振动和收水抹面是关键。布料与振捣时应分层加料振捣,先两端后中间,先角后边,仔细操作,以防漏振。收水抹面应根据气温情况掌握,做到最终压实、抹光。成型时应加强控制,定人定岗,比照脱模后管片的表面质量,努力提高制作质量。

⑤蒸汽养护。管片蒸汽养护由专人负责,严格按照“静停、升温、恒温、降温”四阶段所规定的要求进行操作,并如实填写蒸养记录。

⑥水养护。确保管片7d的水养护,管片吊入水池前,对外露的或有螺纹的预埋件涂黄油或加闷盖,以防止在管片水养护过程中造成预埋件损坏。

(7)雨天及冬季生产的质量控制。

①雨天生产的技术控制措施。

a.雨天排水。及时做好生产车间和露天场地的排水工作,保证车间无进水、场地无积水;经常疏通排水沟,保证排水通畅。

b.雨天混凝土配料与搅拌。对于管片,雨天生产影响最大的是混凝土的拌制质量。管片生产对混凝土拌制质量要求高,尤其是对混凝土坍落度的控制,因此雨天生产要更注意砂、石含水率的变化,及时调整用水量,严格控制混凝土坍落度,加大混凝土对坍落度的检测频率。同时要严格控制砂、石料的含泥量,保证混凝土各项指标都达到要求,对不符合要求的混凝土坚决不予使用。

c.管片脱模入池。雨天生产管片脱模后,不宜直接淋浴,以防降温过快影响质量,应采取防护措施,摆在室内或适当覆盖,等降温到规定要求时再入池养护。

②冬季生产的技术措施。当室外日平均温度连续5d稳定低于5℃或最低气温低于零下3℃时,采取冬季施工措施。

其质量控制的主要措施包括如下:

a.钢筋骨架制作。冬季生产钢筋的焊接,应采取挡风措施,防止焊接接头快速冷却。焊后的接头严禁立即碰到冰雪。

b.混凝土配料与搅拌。集料必须清洁,不得有冰、雪块。严格控制水灰比,必要时采用热拌工艺,适当延长搅拌时间,保证混凝土出搅拌机的温度不低于10℃。混凝土应随拌随用,不得停放。

c.混凝土运输与浇捣。混凝土运输时应有保温措施,如料斗加盖帆布等。混凝土入模时的温度不低于5℃,浇捣操作应迅速,及时抹平,覆盖塑料薄膜。

d.蒸汽养护。蒸汽养护前,适当延长混凝土的静停时间,采取适当保温措施。严格控制升温、降温速度,升温速度不超过每小时10℃,降温速度不超过每小时10℃。加强混凝土养护温度的测量。

e.脱模与入池。拆模后的管片表面温度与环境温差大于20℃时,应采取临时覆盖措施使其缓慢冷却。控制管片温度与水池中水的温度之差小于20℃时,方可将管片吊入水池养护。当水池中水的温度低于0℃时,不得入池水养,应采取其他保温保湿养护措施,如采用温水养护,或者使用高分子材料养护剂养护。

f. 管片堆放。管片出池后应及时清除孔内的积水，以防受冻。管片堆放时宜采取侧立堆放，要做好防冻保护措施。管片注浆孔和吊装孔应用封盖密封，以防水进入后受冻损坏管片。在冬季生产还应及时获取气象信息，采取防止气温突变下降的防冻措施。

255. 管片拼装工艺有哪些？

答：

(1)拼装前的准备。

①管片、口子件拼装前，用灰刀清除管片、口子件上的浮灰、浮砂，并进行清洁。

②管片清理干净后，在地面上按拼装顺序排列堆放，按设计图要求，按规定进行防水密封条、传力衬垫、防水涂料检查，经质检人员检查合格并填写“管片防水材料贴附检查表”。

③将检查合格后已粘贴防水材料的管片及管片接缝的连接件和配件、防水垫圈等，用龙门吊装入管片车，经施工通道运送至工作面。

④操作人员应全面检查管片拼装机的动力及液压设备是否正常，是否灵活、安全可靠。

⑤施工前须根据计算选择合适的管片衬砌环和口子件，了解管片、口子件的设计类型、偏转角度、排列位置、拼装顺序和配筋要求。

⑥施工前需对上一环的环面质量进行检查和确认，并了解盾构机的姿态和盾尾间隙，以选择合适的管片拼装点位。

(2)管片选型原则。

①根据隧道的线路特点。

②根据特殊要求选型。

③根据不同外界环境选择不同配筋的管片(不同覆土层选择不同配筋的管片)。

(3)拼装工艺要求。

管片安装流程图如图 8-2 所示。

①管片采用通用楔形环管片，安装点位以满足隧道线型为前提，重点考虑管片安装后盾尾间隙要满足下一掘进循环限值，确保有足够的盾尾间隙，以防盾尾直接接触管片。管片安装前，根据盾尾间隙、推进油缸行程选择好拟安装管片的点位。

②盾构掘进到预定长度，且拟安装封顶块位置的推进油缸行程大于 2.5m 时，盾构机停止掘进，进行管片安装。

③为保证管片安装精度，管片安装前需对安装区进行清理。

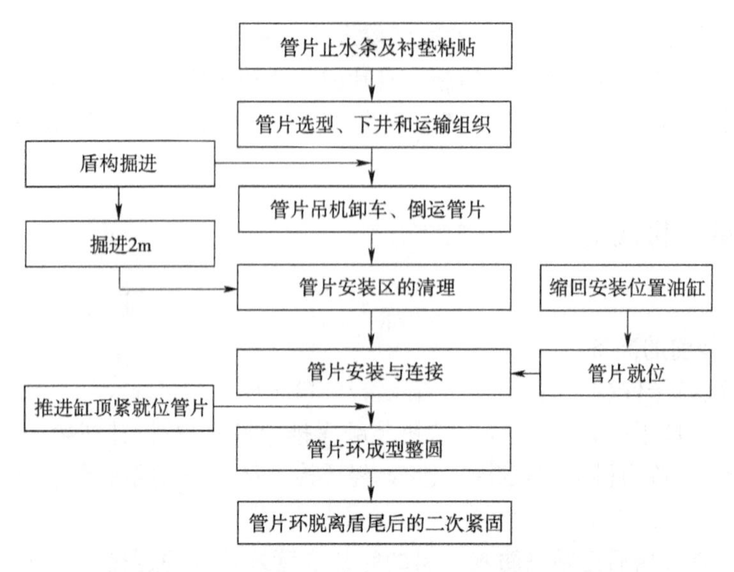

图8-2　管片安装流程图

④管片安装时必须从隧道底部开始,然后依次安装相邻块,最后安装封顶块。每安装一块管片,立即将管片纵环向连接螺栓插入连接,并戴上套筒用气动扳手紧固。

⑤在安装封顶块管片前,应对防水密封条涂肥皂水或凡士林进行润滑处理,安装时先径向插入1200mm,调整位置后缓慢纵向顶推,防止封顶块顶入时搓坏防水密封条。如图8-3所示。

图8-3　拼装手拼装封顶块

⑥管片块安装到位后,应及时伸出相应位置的推进油缸顶紧管片,其顶推力应大于稳定管片所需力,方可移开管片安装机。

⑦管片安装完后,应及时在管片环脱离盾尾后对管片连接螺栓进行二次紧固。

⑧在安装管片时,应采取有效措施避免损坏防水密封条,并应保证管片拼装质量,减少错台,保证其密封止水效果。安装管片后顶出推进油缸,扭紧连接螺栓,保证防水密封条接缝紧密,防止由于相邻两片管片在盾构推进过程中发生错动,防水密封条接缝增大和错动,影响止水效果。管片拼装前,应严格检查,密封垫沟槽两侧及平面转角处不得有剥落、缺损,较大的缺角应用管片修补剂修补填平,密封垫沟槽两侧、底面的大麻点应用107号胶结剂加水泥腻子填平,检查合格后方可使用。

⑨管片拼装质量要求按照国家标准和建设单位的要求执行。

256. 管片拼装的注意事项有哪些？

答：

管片拼装的注意事项：

(1)管片运抵隧道工作面吊下电瓶车之前，隧道工程师及作业班长负责再次检查型号是否正确、管片有无缺陷、吊装孔是否完好、孔内是否有异物、止水条及缓冲垫板是否粘贴完好等，并做好记录，将情况反馈到质量工程师处。

(2)管片安装前应做好准备工作，必须清理盾尾积水、淤泥、砂浆，备好工具，尤其是盾底泥砂一定要清理干净。隧道排水是影响隧道掘进的因素之一。排水工作一定要做好，尤其是盾尾的排水工作。

(3)管片要保持清洁，在安装之前一定要冲洗干净才能安装，尤其是止水条上不得粘有泥砂，否则砂粒的存在导致止水条破坏受损而渗水，同时砂粒将引起应力集中导致管片受力开裂，因为如果管片端面有 0.5mm 高差，都可能产生纵裂纹。

(4)拼装管片时，吊装头必须拧紧，为避免管片在安装过程中吊装头单独承受管片重量，应将 4 条压板均匀地接触管片，同时注意安装时小心轻放，操作要平稳，避免突停突动，吊装孔受冲击力造成吊装孔崩裂、塑料套被拔出或刮坏止水条等。

(5)管片安装时，严禁将所有千斤顶同时松开，同时松开的千斤顶最多不超过 7 个，每次要根据需要拼装管片的位置，回缩相应部分位置的千斤顶，如果过多的千斤顶回缩则是十分危险的，前面土体的支撑压力可能会使得盾构机后移。

(6)管片拼装时，相邻管片块对靠，应考虑整体对齐，避免对齐时对管片止水条的挤压损坏，不允许采用先对一个角再对另一个角或先靠紧再对齐的方式拼装。

(7)各管片的相对位置应符合设计图纸要求，不可互换。每块管片上有管片类型标记、环类型标记、纵缝对接标记，安装管片时应认真查看这些标记，保证管片安装正确；管片迎千斤顶面和背千斤顶面不同，方向不能装错。顺着推进方向看到管片中心管片标志的字符应是正置的，如果是倒置的，则管片朝向错误，应予以修正。

(8)在管片拼装过程中，第一块管片的位置尤为重要，它决定了本环其他管片的位置及缝的宽窄。管片高于相邻块，将会导致 K 块的位置不够；低于相邻块，纵缝过大，防水性能降低。同时，第一块应平整，防止形成喇叭口。

(9)拼装第 5 块(B 块或 C 块)管片时，应用卷尺测量 K 块空间的大小是否合适，并调整第 5 块，保证内弧 48 ± 1cm 或外弧 95 ± 1cm。如 K 块空间的大小不合适,须重新调整B块或C块管片,严禁K块空间不合适的情况下强行将K块插入。

(10)管片K块发生渗水的概率最高,加上K块安装大都在拱部位置,所以提高操作人员安装K块时的操作水平尤为重要。K块两边的止水条,在安装前一定要涂抹润滑剂,且需全长均匀涂沫,严禁K块两边的止水条没涂抹润滑剂的情况下拼装K块。

(11)对掘进过程中出现的管片裂缝和其他破损,要及时观察纪录并提醒盾构机操作人员注意,并选择合适时间对管片进行修补。

(12)在管片拼装后、千斤顶顶住管片前,应将撑靴位置调正,确保不压住止水条,以免造成止水条损坏、错位而漏水。同时,避免千斤顶撑靴骑缝,千斤顶顶在管片边角处,管片受力不均造成崩角。

(13)在掘进过程中,须对管片螺栓及时进行复紧,每环在退出尾刷前后都要进行复紧,每当千斤顶行程为1000~1300mm时须对最近安装的3环复紧一遍,即保证当每环管片螺栓复紧3遍,其他管片螺栓也要经常检查、复紧,以免管片掘进推力不均匀造成扭矩错台。拧紧力矩设计要求为300N·m,复紧螺栓时应确保螺栓紧固,管片推出盾尾后拧紧力矩达到设计要求。

257.管片拼装过程中产生错台导致的问题、成因分析及防治措施是什么?

答:

(1)管片错台导致的问题:

①管片错台。管片拼装后同一环相邻管片或者相邻环管片之间内弧面不平整的现象,前者称为环向错台,后者称为纵向错台。管片错台不仅会影响隧道的外观质量,而且会导致以下更严重的问题。

②管片破裂。由于盾构机的推进千斤顶作用在管片上,依靠管片提供后坐力使盾构机向前掘进,若刚拼装好的管片出现错台现象,就容易导致相邻管片间产生集中应力,使管片边缘发生破裂、崩角等质量问题。

③隧道渗漏。管片间止水主要采用三元乙丙橡胶弹性密封垫,每块管片侧面相同位置都有一圈三元乙丙橡胶弹性密封垫,通过相邻管片互相挤压使之间的橡胶弹性密封垫接触压密以起到止水作用。橡胶弹性密封垫接触压密后宽度仅33~36mm。一般情况下,当管片错台超过15mm时,橡胶密封垫之间的压密效果就受到较大影响,在地下水压较大情况下很容易造成管片渗漏水。

④盾尾刷损坏。由于盾尾壳体对管片有约束力,因此管片纵向错台一般是管片脱出盾尾后才产生,但在纵向连接螺栓的作用下,盾壳外的管片环错台会导致盾

壳内的管片环产生径向运动的趋势，造成盾尾与管片环之间的间隙不均匀，从而易对盾尾刷挤压磨损，进而导致盾尾漏浆，造成同步注浆浆液和盾尾油脂的大量消耗，以及地面沉降等严重事故。

(2)管片错台的成因分析：

①管片拼装不规范。管片拼装过程是控制管片错台至关重要的环节，管片拼装工人的操作熟练程度及责任心直接影响管片拼装完的成型质量。例如，管片拼装前盾尾的杂物没有彻底清除；管片拼装顺序没有按照由下至上左右交叉的顺序；管片拼装没有均匀摆布，螺栓难以插入；管片拼装完成及管片脱出盾尾后没有及时将螺栓拧紧；K 块强行插入；管片内翻外翻等不规范的管片拼装作业，都是导致管片错台不可忽视的直接因素。

②管片上浮。管片上浮有时可造成管片连续错台，尤其在滨湖相对软弱地层中。由于地层较软，有经验的盾构驾驶员会加快掘进速度以帮助姿态控制，而壁后浆液往往因为初凝时间较长而产生大于管片自重的上浮力，此时如果没有立即采取防止隧道管片上浮的措施，隧道管片的上部就会发生连续的"叠瓦式"错台。

③盾构机姿态控制不佳。盾构机的掘进姿态控制是盾构施工技术的重点，盾构机的姿态变化直接影响到盾尾间隙的变化。实际掘进时，盾构机围绕设计轴线呈蛇形前进。如果盾构机的姿态控制不好，盾构机的运动轨迹波动幅度过大，盾尾因急纠、猛纠而产生较大的径向位移，而在连接螺栓的作用力下管片的空间形态已基本由上环管片所决定，这就必然导致管片与盾尾之间的间隙不均匀，甚至某个方向无间隙。若盾尾间隙过小，盾尾的径向运动趋势将以力的形式通过盾尾刷传递给管片，从而导致盾尾前后的管片产生错台，甚至导致管片迎水面被盾尾刷挤压刮坏、盾尾刷磨损变形等问题，进而产生管片渗漏水，盾尾漏浆的等一系列质量问题。

④管片法面与盾构掘进方向不垂直。在区间小半径曲线段掘进或盾构急纠转弯时，若管片楔形量不能满足管片转弯需求，通用管片全错缝拼装施工中 K 块选点错误，通缝、半错缝拼装施工中转弯环排版错误等，均会造成管片法面与盾构掘进方向不垂直。盾构机向前掘进的推力是通过千斤顶作用在刚拼好的管片衬砌横断面上，如果盾构掘进方向与管片法面之间不垂直，则其作用于管片上的巨大反推力可分解为纵向和径向两个分力，纵向分力可通过管片衬砌横断面不断传递直至消散，而纵向分力大于管片间摩阻力、壁后浆液与地层作用等阻力时，将必然造成管片环缝错台。

(3)管片错台的防治措施：

①规范管片拼装程序。

a. 管片拼装前必须清理盾尾拼装部位的污泥与污水，并清理干净前一环管片迎水面与盾尾间隙中的杂物，如遇漏水现象及时补打盾尾油脂止水，在盾尾无杂物、无积水的情况下才能开始拼装管片。

b. 管片拼装应按照由下至上、左右交叉、最后封顶的顺序，必须运用管片安装微调装置，将待装的管片块与已安装管片块的内弧面调整到平顺相接，螺栓孔位置对正，螺栓穿插容易。

c. 管片拼装时，严禁非管片安装位置的推进油缸与管片安装位置的推进油缸同时收缩。安装管片到位时，动作应平缓，避免撞击已定位管片。

d. 封顶块安装前应对止水条进行润滑处理，实测并确保两邻接块间间距；安装时先径向插入，调整位置后缓慢纵向顶推，严禁借用推进千斤顶强行顶推。

e. 管片安装完成后，应用整圆器及时整圆，对管片的变形及时矫正，确保椭圆度满足施工规范要求，并在管片环脱离盾尾和脱离台车架后分别对连接螺栓再次紧固。

f. 在管片拼装过程中，必须严格控制管片拼装的垂直度、椭圆度及螺栓的拧紧力矩，避免出现横/竖鸭蛋、管片内翻、管片外翻等现象。

②有效控制管片上浮。

a. 选择适当的同步注浆浆液。同步注浆浆液初凝越快，就能越早地抑制管片上浮。双液瞬凝浆液初凝时间最短6s，能够有效地控制管片上浮，但由于双液浆对注浆系统要求较高且注浆过程中极易堵管，一般不被施工单位所接受。在浆液性能的选择上应该保证浆液的充填性、初凝时间与早期强度、限定范围防止流失(浆液稠度)的有机结合，才能保证隧道管片与围岩共同作用形成一体化的构造物。近几年准厚浆新型浆液逐渐得到了广泛的认可，该浆液和传统的惰性浆液、可硬性浆液相比，具有良好的长期稳定性及流动性、适当的初凝时间、良好的填充性能、不易产生稀释现象、固结体积收缩小、泌水率小等优点，可实现充填性、保水性、流动性、固结强度与初凝时间之间的良好匹配。

b. 适当控制掘进速度。如果壁后浆液不能及时固结和稳定管片，应适当控制盾构机掘进速度，一般控制在3cm/min左右为宜，同时确保管片脱出盾尾时形成的空隙量与注浆量平衡，尽量避免壁后浆液被地层水稀释而降低浆液性能。

c. 跟踪盾尾，及时二次注浆。当采用双液浆作为同步注浆浆液时，由于极易堵管而较少采用，但作为二次注浆浆液时，则较容易避免堵管的发生。当因为姿态控制和工期等原因不能降低掘进速度，而壁后同步注浆浆液又不能及时固结和稳定管片时，可根据施工经验在盾尾倒数第7~10环二次注浆，以使盾尾倒数7~10环以后的管片及时得到稳定，避免因管片上浮而造成的连续错台。

③盾构姿态平稳控制。

实际掘进时，盾构机围绕设计轴线呈蛇形前进姿态控制应做到勤纠、缓纠，通过千斤顶分组控制、仿形刀适量超挖及铰接灵活运用等方式，隧道轴线控制在设计允许偏差范围内前提下，尽量使盾构机掘进轨迹保持平顺，避免盾构机姿态突变。盾构机掘进姿态调整与纠偏应掌握下面几个原则：

a. 盾尾间隙控制为主，线型控制为辅。

b. 掘进过程中一次纠偏量不能过大，即油缸行程差不能过大，应控制在60mm以内。

c. 在掘进过程中，各区力差不能过大，应控制在总推力的5%以内。

④保持管片法面与盾构掘进方向垂直。

在盾构施工过程中，应特别注意管片法面的调整，每环掘进完成后应及时量测管片法面并调整。盾构机姿态、管片姿态与隧道设计轴线相重合在实际施工中几乎不可能，要保持管片法面与盾构掘进方向垂直同样几乎不可能，但及时对管片法面不断进行调整，就能使盾构机推力反作用于管片上的径向分力尽可能减小，进而有效地减少、减小管片环缝错台。在不同的管片拼装施工工艺中，法面调整有各自的方式，简要说明以下几点：

a. 通用管片全错缝拼装施工时，应统筹考虑管片姿态、盾构机姿态及隧道设计轴线三者直接的相互关系，慎重选择K块拼装点位，通过管片环的楔形量逐环灵活地调整法面，确保超前量相差不要太大。

b. 通缝拼装及半错缝拼装施工时，掘进前依据设计轴线做好管片排版，通过管片排版计算公式确定出最合理的标准环与转弯环比例，并在实际施工过程中及时根据环面超前量差值调整标准环与转弯环比例，以使管片法面与盾构机掘进方向趋近垂直。

c. 在实际施工过程中，有时会遇到前一环K块选点错误或者盾构机姿态突变等原因而仅通过管片的楔形量不能满足转弯需求，此时可以通过管片环面贴片来增加楔形量，进而调整管片法面。

258. 管片拼装过程中的碎裂原因是什么？如何控制？

答：

(1)碎裂原因：

①搬运和堆放时造成的破碎和在搬运、堆放过程中的碰磕，经常导致在碰磕位

置处产生小块破裂。

②管片拼装操作：

a.拼装时，由于管片环面之间及相邻两块管片间接触面达不到理想的平行状态，使得衬砌角部先受力而产生应力集中，导致管片角部破碎。

b.封顶块安装时，由于先行安装的8块管片圆度不够，两邻接块管片的间隙过小，把封顶块强行顶入，导致封顶块及邻接块接缝处管片破碎。

c.前一环环面不平整，块与块之间有错位，导致下一环管片拼装时易产生破碎。

d.拼装时为拼装工人抢进度，管片就位速度过快而产生碰磕，以及存在管片错缝时，易引起管片边角的破碎。

③盾构机姿态与管片姿态相互关系不一致。

a.在隧道施工过程中，为控制好隧道轴线，必须逐环测量盾构姿态和管片姿态，根据测量资料及时调整各项推进参数。当管片与盾构机相对关系一致，即管片与盾构机基本保持同心，管片法面与盾构机推进方向基本垂直时，管片破碎较少。在实际施工过程中，管片与盾构机的相对关系常常不能保持理想状态。当管片的环面与盾构推进方向存在夹角时，其合力作用方向部位的管片容易破碎。

b.盾构机轴线与管片环向轴线间交角偏大，盾构推进过程也是不断纠偏的过程。盾构机与管片衬砌环间的相对关系不可能总是保持理想状态，特别是转弯、竖曲线段和纠偏量大时，管片外弧与盾尾内壁间的距离沿环向分布不均匀，造成一侧间距很小，而另一侧间距较大，这时易产生“卡壳”现象，即两者碰在一起。盾构机一推进，就会造成管片一定部位破碎。

c.衬砌环面不佳，造成衬砌环面不佳有多种原因，如纠偏、拼装质量差、环缝夹泥等。管片环面不佳，引起管片受力不均匀，从而导致应力集中部位的管片破碎。

④推进时管片受力不均匀。

盾构推进时推进力通过油泵衬垫传递到管片上，油泵衬垫与管片接触部位是应力集中区。如果衬垫面不平整或者衬垫面与管片环面存在夹角，就会造成管片破碎。

⑤同步注浆浆量分布不合理。

同步注浆浆量分布不合理不会直接造成管片破碎，但会导致管片“卡壳”而造成破碎。同步注浆后，隧道上部的浆液会逐渐向下部流动，形成下部浆液多而上部浆液少的状况，引起隧道上浮，上部管片（尤其是封顶块、封顶块与邻接块接缝处）与盾构机内壳间隙减少，推进时造成管片破碎。

⑥管片质量。

运到现场的管片本身存在质量问题,如管片的保护层过厚、管片养护时间不足、管片裂缝较多、管片修补部位强度没有达到设计要求等,在施工时也容易造成管片破碎。

(2)控制措施。

管片破碎常常是以上一种或一种以上因素综合作用的结果,经过仔细分析再采取针对性措施进行处理,可以减少管片破碎现象的发生。

①搬运堆放时的针对性措施:

a. 在搬运过程中轻吊慢放,着地时要平稳;堆放时不宜超过 3 层,并正确摆放垫木。

b. 吊放管片的钢丝绳上缠橡胶条等,在起吊时,能起到缓冲作用,或者选用尼龙绳来代替钢丝绳。

c. 选、摆放好垫木,在管片车上管片搁置部位设置橡胶条,以起到缓冲作用。

②管片拼装时的针对性措施:

a. 按要求贴好角部止水橡胶条、传力衬垫、纠偏石棉橡胶板。

b. 拼装前,先测量前一环各管片之间的相互高差,包括环向和径向。根据实测数据,调整已粘贴好的纠偏楔子,以保证拼装后环面的平整度。

c. 拼装前清理前一环管片上的泥块及浆液,保证环面清洁、无夹泥。

d. 拼装时保证衬砌环圆度,块与块间不错位。推进油泵的伸缩顺序应与管片拼装顺序一致。两侧标准块、邻接块安装时油泵应同时收缩及伸出,以减少环与环之间管片错位现象。

e. 封顶块安装前,实测并确保顶部两邻接块间间距,并通过推进油泵的伸缩来调整好邻接块间的间距,控制在比设计值大 6mm 左右,以便顺利安装封顶块。

f. 竖曲线段推进时,在安装拱底块时根据实际情况予以落低或抬高,减少管片"卡壳"现象。

③推进时的针对性措施:

a. 推进前,检查各油泵衬垫的完好情况,如发现有破损应及时调换,同时应仔细观察衬垫与管片环面的吻合程度,对不吻合处可增设石棉或橡胶楔子来调整,确认吻合后再开始推进。

b. 在盾构推进时,及时根据设计要求、盾构穿越土层的变化、上部载荷情况以及测量资料来调整各项施工参数,将盾构姿态严格控制在设计允许偏差范围之内。同时,结合隧道衬砌的实际情况,在不超出偏差范围的情况下,对盾构姿态做适当调整,使盾构机与管片尽可能处于同心状态。

c. 当管片与盾构机轴线夹角较大、管片与盾构机壳间隙较小又必须进行盾构机姿态调整时，可以采取两种措施：通过粘贴纠偏楔子来调整衬砌环面；推进时，前半环顺着管片原轴线方向推进，待管片与机壳之间的缝隙增大后，后半环推进时再对盾构姿态进行调整。

这两种措施结合运用，可以使管片与盾构机之间的轴线夹角变小，同时减少管片外部的破碎。

d. 同步注浆时，控制好注浆量的分布和注浆压力。管片与机壳上部无缝隙时，增大上部的注浆孔注浆量及注浆压力，下部注浆孔不注，通过浆液将管片往下压；如管片与机壳下部无缝隙时则反之。正常推进时，在总注浆量不变的前提下，减少管片下部注浆孔的注浆量，可以减少管片的上浮。曲线段推进和纠偏时，通过有目的地选择盾尾同步注浆孔，改变各个注浆孔的注浆量分配和注浆压力，以调整管片姿态。

④把好管片质量关。

对进入施工现场的管片，应逐块进行检查。发现管片明显存在质量问题的，应坚决退回生产厂家，不让一块不合格管片下井。同时派专人负责管片的生产，进驻生产厂家掌握管片生产情况，将施工中发现的管片质量问题，及时向生产厂家反馈，督促生产厂家改进生产工艺，提高管片质量。管片存在小的质量问题可以进行修补处理的，应在地面进行修补并做好标志，养护到设计规定强度后再下井使用。

259. 管片渗漏的原因是什么？其处理措施是什么？

答：

(1)管片渗漏的原因：

①管片自身质量缺陷。在管片生产过程中，设置密封垫的沟槽部位混凝土不密实，有水泡、气泡等缺陷，管片拼装完成后，水绕过密封垫，从水泡、气泡孔处渗漏进来。

②管片止水条脱落。在拼装过程中，管片发生了碰撞，使止水条脱落或断裂，使密封垫没有形成闭合的防水圈。

③管片衬背注浆不饱满。管片衬背注浆不饱满，若管片密封条贴合不密实，管片顶部积水，使密封垫压实比较薄弱的地方产生渗漏。

④盾构与管片的姿态不好。盾构与管片的姿态不好，影响到管片的拼装质量，造成管片间错位，相邻管片止水带不能正常吻合压紧，从而引起漏水。

⑤掘进过程中推力不均匀。掘进过程中由于推力不均匀造成管片受力不均

匀，从而产生裂纹、贯穿性断裂等而渗漏水；当掘进困难时，推力过大也会造成管片产生裂纹而渗漏水。

⑥管片拼装质量控制不严格。管片存在泥土等杂物未清理导致拼装出现空隙形成漏水；拼装 K 块时，K 块密封条损坏，造成渗漏水；管片螺栓紧固不到位，造成管片防水没有压实造成渗水，或者管片螺栓紧固过早，导致管片整体未压实。

⑦转弯处转弯环选型不准确。在水平方向上存在曲线的路线上，曲线内径与外径所存在的长度差即管片左右侧存在的楔形总量，如果转弯环拼装数量不足或过多，造成管片楔形总量少于或超过曲线内外径实际差值，就会造成管片间隙，使得相邻管片止水带不能正常吻合压紧，从而引起漏水。

⑧盾构前进反力不足。盾构前进反力不足，易导致管片接缝不严，致使管片渗漏。这种状况主要出现在始发及到达掘进阶段，正面无土压力或土压力较小情况下，盾构前进阻力所提供的反力远小于管片止水胶条所需的挤压力，从而易产生因反力不足而导致管片止水胶条挤压不实，影响管片止水条的防水性能，造成管片接缝渗漏。

⑨管片上浮或侧移。管片与隧道初支间空隙较大且不均匀，注浆时操作难度大，而且填充效果差，从而导致顶部回填注浆难以密实，极易发生管片上浮或侧移，造成管片破损，引起管片渗漏。

(2)处理措施：

①二次补浆。对存在漏水的管片首先进行二次补浆，二次补浆能够在根本上堵住渗水通道，二次补浆首先采用单液浆，注浆压力控制在 0.4 ~ 0.5MPa，注浆量以能注入为准。观察堵漏效果，若效果不明显再注双液浆，注浆压力可以稍微提高。

②环纵缝注浆堵漏。

a. 环纵缝漏水处理。当二次补浆后环纵缝仍然存在漏水时，采用注浆进行封堵。对环向缝和纵向缝全部采用快干高强度砂浆(含环氧类成分)封闭，为后面灌浆做准备，封闭的时候向内凹进去 1 ~ 2cm 深的弧形；再在漏水缝上垂直钻孔到止水条处，钻孔间距每米 2 ~ 3 个，同时装上专用注浆嘴，用高压灌浆设备向接缝内灌浆，浆料优先采用环氧树脂，灌浆压力控制在 40kg 左右，以压满整个接缝为准。

b. 管片紧固螺钉孔渗漏。清理干净螺钉孔表面的污染物，找出渗漏的位置，用电钻斜向钻孔，确保钻孔和螺钉孔相通，用快干高强砂浆封闭螺钉孔的根部，钻孔处装上专用注浆嘴，用高压灌浆设备向钻孔内灌浆，浆料优先采用环氧树脂，灌浆压力控制在 40bar 左右，以压满整个螺栓孔为准。注浆在起到堵漏作用的同时对螺钉有锚固和防腐作用。

260. 成型隧道轴线如何控制?

答:

(1)盾构轴线控制。

盾构轴线控制从空间上分为平面控制和高程控制,从盾构机主体上分切口、铰接、盾尾、平面、高程控制。

盾构机姿态控制的施工流程:盾构机及管片姿态测量→测量报表分析→推进方案的确定→管片处理方案确定→盾构推进→盾构机姿态的实时记录→管片拼装及管片姿态的纪录。

地面沉降量控制在 +10mm ~ -30mm。每环拼装结束后,进行盾构机及管片姿态测量,将实际测量结果和隧道设计轴线比较后得到偏差值,该偏差以报表形式显示出来,随后进行测量报表分析,随即根据偏差量来调整施工参数进行轴线控制,高程的控制还可以利用铅垂线测量实际盾构上下超前量并与理论超前量进行比较,通过纠偏楔子的制作调整、盾构纵坡的调整,进行高程的控制。另外,施工中必须对隧道的后期沉降进行复测,掌握隧道后期沉降的规律,制定相应的轴线控制参数,有效地保证隧道轴线。

(2)轴线纠偏。

轴线纠偏有水平纠偏和高程纠偏,轴线纠偏可以选用以下几种方式:

①调整区域油压。在确认管片实际超前量与设计轴线基本一致的前提下,首先考虑通过调整区域油压来进行盾构纠偏。例如,调整左右区域油压来进行平面纠偏,调整上下区域油压改变盾构纵坡来进行高程纠偏。

②一般在进行直线段顶进过程中,应尽量使盾构机切口的位置保持在施工轴线的 ±20mm 范围内,在进行转弯或变坡段顶进的过程中,应提前对切口偏移位置进行预测算,并在推进的过程中适当调整各区推进千斤顶的推进压力差,以保证盾构机切口在推进的过程中始终保持在施工轴线的允许偏差范围内。

③由于盾构机在土体内是处于悬浮状态,而成型的隧道则处于相对稳定的状态,盾构机的盾尾直接与成型隧道的末端接触,后几环管片的位置状态直接限制了盾尾的位置状态,所以调整好管片的姿态对盾尾的位置控制及整个隧道的整体质量都起着至关重要的作用,只要把管片拼装的位置控制在设计范围内,则盾尾的位置也必然能够满足后续掘进的设计要求。

④楔子制作。施工过程中应经常对成环管片的实际超前量(水平、垂直)进行计算和测量,超前量的不正确可能会造成拼装困难、管片碎裂、轴线偏差大、纠偏困

难等,影响施工质量。超前量问题一般通过制作楔子解决。

⑤铰接。一般来讲,如果切口和盾尾的位置状态控制得好的情况下,则铰接的位置状态也会比较理想。如果铰接位置偏离施工轴线较小,则不需要做刻意的调整,只需要使切口保持在施工轴线附近进行推进,再控制好盾尾的姿态,则铰接也可以回到施工轴线的附近,但如果铰接偏离施工轴线比较大,则需要通过调整推进方法进行调整。

(3)成型隧道的轴线控制。

成型隧道的轴线主要是由盾构机轴线控制,盾构机姿态决定了管片脱出盾尾后的姿态,在不同的地层中,盾构推进成型隧道的轴线控制也略有不同。当在软弱黏性土地层盾构推进时,管片在脱出盾尾后容易出现上浮现象,通常人为控制盾构机推进轴线为负值,同步注浆采用缓凝浆液,适当减少同步注浆量及在管片脱出盾尾后5环在管片顶部进行二次注浆抑制管片上浮;当在砂性土地层盾构掘进及成型隧道容易出现下沉,盾构轴线控制以正值控制,在成型隧道的底部进行二次补浆抑制隧道下沉。

261.真空吸盘型拼装机安全操作及注意事项有哪些?

答:

(1)安全操作:

①一开泵前注意断相与相序保护继电器,红灯表示故障,绿灯正常。当真空泵读数超过于75%时,绿灯亮,只有绿灯亮时方才可以工作;红灯跟蜂鸣器停,表示进入可吸吊状态。

②一旦红灯闪亮,警报器鸣响,必须在最短时间内(处理时间严格控制在10min内)放下管片或实施绑扎,不允许继续作业。

③起吊管片时下面严禁站人,不得起吊>5t的管片。

④压力传感器压力调整在-75kPa,禁止擅自按动传感器按钮。

⑤真空压力达到90%后切断电源,再观察指针是否移动,如果指针移动迅速应重启电源,将管片平稳落位后释放压力,再对真空吸盘进行检查。

⑥检查管路系统和滤芯的接口是否有泄漏。

⑦电箱操作盒上共有5个开关,其功能如下:

a.旋转开关:打到左方向时,系统关闭,无任何动作;打到右方启动,大小管片吸吊自动转换。当单独用中间盘头吸吊管片时,被吸吊管片应小于5t。

b.吸合按钮:真空阀吸动作。

c. 释放按钮：真空阀释放（两个释放按钮串联，必需两个都按下才能释放）。

d. 翻转按钮：真空吸盘正方向翻转。

e. 复位按钮：真空吸盘反方向翻转。

注意：按下正、反翻转按钮时，油泵自动启动，无动作后计时停止。（时间可自动调节）

（2）注意事项：

①常检查真空吸盘密封条，若有缺口或断裂应及时处理和更换。定期检查吸盘上口的连接软管，无论使用与否，两年必须更换。

②注意泵体标贴所示事项及经常检查油窗及时加油（真空泵专用润滑油），并定期更换润滑油（累计使用500h或一年），注意排气口有油流出则需要更换系统中的所有滤芯。

③翻转油泵使用46号液压油，若油位在油箱的75%～85%高度范围内，请及时加油并定期更换。

④请自备管片与吸盘间的保险扎带，当电源发生故障时，必须在20min内使管片与吸盘之间捆扎牢固，保障安全。

262. 通用型管片拼装点位选择的注意事项是什么？

答：

通用型管片拼装点位选择的注意事项：

（1）管片选型要适合隧道设计线路。

根据隧道中线的平曲线和竖曲线的走向，可分为左转弯、右转弯、直行三类。通过管片的旋转及选型，使管片符合设计线路要求。

（2）管片选型要适应盾构机的姿态。

管片是在盾尾内拼装，所以不可避免地受到盾构机姿态的约束。管片要尽量垂直于盾构机轴线，让盾构机的推进油缸能垂直地推在管片上，这样使管片受力均匀，掘进时不会产生管片破损。同时要兼顾管片与盾尾之间的间隙，避免盾构机与管片发生碰撞而破损管片。当因地质不均、推力不均等原因，使盾构机偏离线路设计轴轴线时，管片的选型要适应盾构机的姿态。

263. 管片裂纹如何处理？

答：

管片裂纹的处理主要体现在以下7个方面：

（1）管片修补工具包括尖头灰匙、灰匙、平镗、灰斗桶、海绵、细砂纸、手套、铁凳、围裙。

(2)管片修补材料:

①种类:胶皇粘补剂;42.5R 二级白度白色硅酸盐水泥;42.5R 硅酸盐水泥;水;0 ~3mm 砂。

②技术要求:采用自来水,砂子需要用清水洗干净,颗粒呈规则形状,水泥符合规范要求。

(3)修补砂浆、水泥浆配合比。

①修补水泥浆(修补轻微的沉降裂缝及不大于 2mm 气泡等):白水泥 1.5kg、普通水泥 1kg、胶皇粘补剂 0.55kg、水 0.48kg、粉煤灰 0.5kg。

②修补砂浆(修补大于 2mm 气泡、气孔、蜂窝、飞边及缺角):白水泥 0.26kg、普通水泥 1kg、胶皇粘补剂 0.41kg、细砂 1.68kg(过 0.63mm 筛)、水 0.381kg。

③用 302 混凝土界面处理剂配成胶液,在拌合水泥进行修补。

a. 302 界面剂甲组分:乙组分 =1:3(体积比)。

b. 修补材料配比:胶液:水泥 =1:2(质量比)。

④将修补水泥浆或修补砂浆人工搅拌均匀。

(4)管片修补程序:

①管片吊放到室内堆放区后即可对轻度的水气泡缺陷进行修补,对存在缺陷较大的管片应报监理工程师批准方可进行修补,修补合格前应进行隔离并标志。

②由于管片在储存、运输过程中有可能碰损,所以工人在修补好室内堆放区的管片后,应到室外储存场地及洞口堆放区进行检查并对轻度缺陷管片进行再次修补,严重缺陷的进行隔离。

(5)管片修补方法。管片修补可按照下列不同情况进行处理:

①管片表面裂缝。预制管片混凝土限裂设计要求 $\delta \leqslant 0.15$mm。对于小于 0.2mm 的裂缝,用粘补剂涂面封堵;对大于 0.2mm 的裂缝,经监测若裂缝深度已属贯穿性裂缝应报废,非贯穿性裂缝,经总包方和监理单位现场确认,允许修补使用后,方可进行修补,否则按报废处理。修复方法:凿一条宽 2cm 的槽,深度大于裂缝深度,用水冲洗干净,采用同标号的修补砂浆填补缺陷处,并及时洒水养护。

②管片小蜂窝、小气泡(用修补水泥浆)。用水把要修补的部位润湿(润湿要达到吸水均匀饱和的效果,但不能有积水),然后用海绵蘸上修补水泥浆在两侧均匀涂抹,直到把蜂窝、气泡填满抹平。要求修补部位面干后与管片颜色一致,表面光滑、平整;修补后的蜂窝、气泡部位要与管片浑然一体,不能用肉眼区分出来。

③管片飞边、缺角(用修补砂浆)。用工具把飞边、缺角部位混凝土敲掉直到碎石全部露出,用水泥浆水把该部位湿润透,然后迅速用尖匙把修补砂浆填补,用灰匙、平镗初步修饰成型,10~15min后检查修补砂浆与原有混凝土结合情况。如果结合紧密则再次用修补砂浆填满、找平、抹光滑,如有剥离现象或裂纹出现则需把修补砂浆敲掉后重新修补。修补达到的效果:新旧混凝土紧密结合,强度达到要求,颜色一致,表面无裂纹、无凹凸、平整、光滑,用灰匙重新敲击该部位无脱落、剥离、裂纹等现象产生。

(6)管片修补质量要求。

①当管片出现缺棱掉角、混凝土剥落以及宽度0.1~0.2mm非贯穿性裂缝时,必须进行修补,缺陷修补严格按照批准的修补方案进行。

②进行管片修补时,修补材料的抗拉强度和抗压强度均不低于管片设计强度。

③拌和砂浆必须严把计量关,采用精度较高的磅秤或电子设备对材料进行计量,严禁采用体积比,各种材料计量允许误差为砂±3%、水泥±1%、外加剂±1%、水±1%。

④严禁采用过期受潮的原材料,不合格的材料禁止用于施工现场。

⑤加强对龄期混凝土的覆盖等保护措施,使其强度达到75%以上后方可转为自然养护,以保证弥合砂浆补偿收缩功能的实现。

⑥砂浆配合比要注意色差调整,确保修补后砂浆颜色与管片颜色一致。

⑦修补后的管片必须根据不同情况覆盖保护膜或用湿麻布覆盖修补部位进行洒水养护;养护时注意不能出现砂浆被水冲掉、划花等现象;调运时注意不要碰撞。

⑧修补后的管片质量应符合《预制混凝土衬砌管片》(GB/T 22082—2017)中规定,否则作为废品。

(7)安全措施。

①修补管片前,应先检查管片放置是否稳固,确认不存在倒塌隐患;确认管片不再进行翻转、起吊、倒运等操作,不得在进行其他操作的同时进行修补施工。

②应正确使用劳动安全防护用品,在修补过程中应戴手套和安全帽,以防改性水泥浆对皮肤造成损害和高空坠物造成打击伤害。

③在登高修补时,应采用牢固的桥凳或手扶梯,施工过程中要检查立足点是否牢固。

④在高温天气露天修补作业时,应注意防暑降温,连续工作时间不应超过2h,及时补充水分。

264. 管片破碎如何处理?

答:

管片破碎的处理主要体现在以下4个方面:

(1)修补方法:

①修补前制作安全可靠的修补平台或稳固灵活的修补台车,且与盾构施工互不干扰。修补工作至少在工程验收前1个月完成。

②缺损深度不超过钢筋保护层,如崩角、表面破裂等。

a. 将碎裂处尚未掉落或有裂缝的混凝土凿除,露出坚实基面。

b. 填补砂浆应分层涂抹,用力压实,填补最后一层后表面抹光。表面抹光后趁湿立即覆盖塑料薄膜(如保鲜膜)保湿养护,养护时间不少于7d,修补颜色应尽量与原混凝土颜色保持一致。

③缺损深度超过钢筋保护层(面积≥200mm×200mm;深度为50~150mm)。

a. 将碎裂处尚未掉落或有裂缝的混凝土凿除,露出坚实基面。

b. 钻孔适度倾斜,深度为5~10cm,这样既能保证植筋的有效深度,又不容易贯穿管片,孔间距约为20cm。

c. 用手动吹气筒清除孔内粉尘,再用毛刷蘸水刷洗表面的灰尘、碎屑。若不立即植筋,应暂时封闭孔口。

d. 先往孔中注入植筋胶,随后立即将钢筋按单一方向旋转插到底,确保胶水附着在钢筋及混凝土上;固化后方可进行下一步操作。当注入胶黏剂时,其灌注方式应不妨碍孔中的空气排出,灌注量应以植入钢筋后有少许胶液溢出为度。不得采用钢筋从胶桶中粘胶塞进孔洞的施工方法。从注入胶黏剂至植好钢筋所需的时间,应少于产品使用说明书规定的适用期(可操作时间),否则应拔掉钢筋,并立即清除失效的胶黏剂,重新按原工序返工。

e. 用扎丝把钢筋与网片连接牢固,保护层厚度2cm。钢筋网片若有锈蚀,应先除锈。当对裸露的钢筋涂刷钢筋阻锈剂时,应仔细涂刷,保证所有裸露钢筋都涂刷均匀。

f. 填补砂浆应分层涂抹,用力压实,填补最后一层后表面抹光。表面抹光后趁湿立即覆盖塑料薄膜(如保鲜膜)保湿养护,养护时间不少于7d,修补颜色应尽量与原混凝土颜色保持一致。

④缺损深度≥150mm,或已影响到止水效果的,或缺损范围较大,已影响正常使用的先对管片背后进行注浆加固,然后制订专项方案,一处一方案,报监理审批再实施。

(2)质量保障措施:

①所有缺陷修补在达到一定强度后要进行表面打磨,尽量消除修补痕迹。

②对已修补好的管片要仔细检查,不允许有裂缝产生,特别是与原管片断面之间更不允许有干缩裂缝存在,如有以上情况存在则必须返工。

③凡经修补或表面处理后的部位颜色应与管片的原色基本一致,表面的光洁度也要与原管片基本吻合,保证隧道内管片安装的整体效果。

④修补管片的质量由项目总工负责,在施工工艺、材料及配合比、操作方法等要做全面监督,确保修补后的管片符合质量要求。

(3)安全保障措施:

①进入施工现场必须戴好安全帽并正确使用劳动防护用品,高处作业必须使用安全带。

②进行地面管片修补时,施工现场必须做好防雨、防水措施,避免已修补管片沾水。

③严禁酒后进行各类作业。

④严禁在施工现场吸烟。

⑤施工人员严禁在轨行区休息,严禁向轨道内乱扔垃圾。

⑥轨行区作业时遇到来往车辆,施工人员应及时撤离到机车车辆限界以外,并将使用的工具、机具等物品撤出机车车辆限界。

⑦在台架作业时不准往下或向上抛掷材料和工具等物件。

(4)文明施工与环境保护措施:

①施工人员应严格按照技术交底施工流程作业。

②修补材料进场后,应按照规格、型号分类存放,在现场作业时要求及时处理好废旧物品,特别是松散混凝土和其他杂物,必须将其装入蛇皮袋托运到渣土坑中。

③现场作业结束后,应将工具、修补材料摆放到规定位置,并把作业场地清理干净,特别是修补区域内的管片表面位置。

265.管片通缝拼装、错缝拼装的形式有哪些?各有何特点?

答:

(1)管通缝拼装。所有衬砌的纵缝成一直线的情况称为通缝拼装,即各环管片的纵缝对齐的拼装(图8-4)。通缝拼装的特点是,在拼装时定位容易,纵向螺栓容易穿,拼装施工应力小,但容易产生环面不平,并有较大累积误差,而导致环向螺栓难穿,环缝压密量不够。

(2)错缝拼装。相邻两环间纵缝相互错开的情况称为错缝拼装,即前后环管片的纵缝错开不在一条直线上的拼装(图 8-5)。错缝拼装的特点是,用错缝拼装建造的隧道整体性较好,环面较平整,环向螺栓比较容易穿,接缝刚度分布均匀,提高了管片衬砌的纵向刚度,减少了接缝及整个结构的变形;在错缝拼装形式下,纵、环缝相交处仅有三缝交汇,相比通缝拼装时纵、环缝呈十字形相交,在接缝防水上较易处理,而且错缝拼装形式下,接缝变形较小,有利于防水。但施工应力大易使管片产生裂缝,纵向穿螺栓困难,纵缝压密差。

图 8-4　通缝拼装示意图

图 8-5　错缝拼装示意图

266. 管片破损、错台的防治措施有哪些?

答:解决管片破损、错台的主要措施是从施工操作入手,即严格地按照规定操作,尽可能地减少误操作。具体防治措施如下:

(1)无论出现什么问题,对盾构机的姿态都不应"急纠",要逐步校正。

(2)要防止管片施工过程中的排列错误,避免隧道轴线由于人为失误造成偏离设计轴线。

(3)要按相关的规范要求进行操作,包括管片进入隧道前的检查、注浆、盾构机推力和扭矩等参数的设定,以及管片的吊运和安装等。

(4)应采取及时、有效的措施,避免隧道管片上浮。

(5)要防止由于隧道围岩应力环境和地下水环境突然变化造成的隧道变形。

267. 管片接缝渗漏的原因是什么?

答:

管片接缝渗漏的原因:

(1)管片拼装的质量不好,接缝中有杂物,管片纵缝有内外张角、前后喇叭等,管片之间的缝隙不均匀，局部缝隙太大，使止水条无法满足密封的要求，使得周围的地下水渗进隧道。

（2）管片碎裂，破损范围达到粘贴止水条的止水槽时，止水条与管片间不能密贴，水就从破损处渗漏进隧道。

（3）当纠偏量过大时，所贴的楔子垫块厚度超过止水条的有效作用范围。

（4）止水条粘贴质量不好，粘贴不牢固，致使止水条在拼装时松脱或变形，无法起到止水作用。

（5）止水条质量不符合质量标准，其强度、硬度、遇水膨胀倍率等参数不符合要求，从而使止水能力下降。

（6）对已贴好止水条的管片保护不好，使止水条在拼装前已遇水膨胀，管片拼装困难且止水能力下降。

268. 管片安装应符合哪些要求？

答：

管片安装应符合以下要求：

（1）拼装前应清理盾尾底部；管片安装设备应处于正常状况。

（2）拼装每环中的第一块时，应准确定位，拼装顺序应自下而上、左右交叉对称安装，最后封顶成环。

（3）管片下井前，应由专人核对编组、编号；对砌块表面进行清理、粘贴止水材料，检查合格后，将管片与连接件配套送至工作面；管片质量符合设计要求。

（4）在拼装时，应采取措施保护管片、衬垫及防水胶条等不受损伤。

（5）在拼装时，应逐块初拧环向和纵向螺栓，螺栓与螺栓孔间应国防水垫圈。

（6）拼装成环后，符合下列要求时，复紧环向螺栓；继续顶进时，复紧纵向螺栓。

（7）管片径向错台≤10mm；管片环端面平整度≤3mm；管片环端面垂直度≤3mm；与相邻环错台≤10mm。

（8）应按设计要求布设注浆孔。

（9）推进油缸出长度应符合管片安装要求。

（10）管片沉降稳定，应将填缝槽填实，对渗漏环缝，应及时封堵进行处理。

第九章　泥水盾构施工管理

269. 简述盾构的组织管理框架。

答:盾构工区组织管理;盾构工区总共分为地面、泥浆站、隧道盾构机内三大块。其中,地面设置队长1人,负责地面材料总体调度;值班2人,负责井下与地面的沟通;机修4人,负责地面龙门吊、砂浆站、电瓶车等机械设备的维修保养。泥浆站设置主任1人,负责泥水处理中心总体;值班2人,负责技术指导;机修2人,负责泥浆站设备维修保养。隧道盾构机内设置司机4人,负责开机;带班2人,负责材料统计并与地面沟通协调;机修6人,负责盾构机日常巡检及维修保养。以上人员均为两班。

270. 如何进行盾构掘进管理?

答:

盾构掘进操作程序如下:

(1)开启分离设备。

泥水分离厂首先要进行调制浆工作,在盾构机开始掘进前,盾构机控制室应电话通知泥水处理厂开启泥水分离设备。

(2)旁通循环。

启动P1.1泵、P2.1泵开始旁通循环。值得注意的是,一定要确保旁通阀是打开的,否则会发生严重后果。泥浆管延伸到一定距离加设P2.2泵后,还要开启P2.2泵。

(3)掘进循环。

首先开启进浆和出浆阀,然后关闭旁通阀开始工作泥浆循环,这里一定要注意阀的开关顺序,否则会引起管路破裂。

(4)启动刀盘。

①根据测量系统面板上显示的盾构目前滚动值,选择刀盘旋转方向。滚动值为正选择正转,滚动值为负选择反转。

②按下刀盘启动按钮。

③旋动刀盘加速按钮慢慢给刀盘加速,转速要分几次加上去,以免造成过大冲

击,损伤设备。

(5)推进。

①使盾构机进入掘进模式。

②打开推进控制按钮。

③旋动推进速度控制按钮将速度控制在一定的速度,开始掘进。

④掘进时要根据盾构机姿态调整油缸的推力。

⑤掘进期间主驾驶员要时刻注意气垫仓的液位和顶部压力,控制进、排浆的流量。

⑥掘进过程中要同步注入砂浆。

(6)掘进结束。

当掘进结束时,按以下顺序停止掘进:

①停止推进系统。

②待扭矩减小到一定值后停止刀盘。

③减小P1.1泵、P2.1泵、P2.2泵的功率。

④打开旁通阀,快速关闭通往前面的所有阀,进入旁通循环;这里一定要注意顺序。

⑤继续慢慢减小P1.1泵、P2.1泵、P2.2泵的功率,直至关闭。

⑥关掉搅拌器泵。

⑦泥水分离厂逐渐关闭各设备。

⑧若马上准备安装管片,则使盾构机进入安装模式。

⑨通知有关人员进行下一工序的工作。

⑩管片安装完毕进行下一循环掘进,如果泥浆管、钢轨、水管、风筒用尽,则要相应延伸泥浆管、钢轨、水管、风筒后再掘进。

271.同步注浆如何进行质量控制?

答:

(1)注浆压力设定。

注浆压力可在控制室掘进参数电脑上进行设定。其数值应根据工程实际,综合地质、注浆量等情况考虑。压力参数设定后,当注浆压力达到设定的最大停止压力则注浆泵将自动停止。只有随盾构的继续掘进,浆液流动,压力减小到设定的启动压力时,注浆泵才可能再次启动。

(2)操作程序：

①首先做好一切准备工作，如接好注浆管路、传感器等。

②连接好砂浆运输罐车与盾构自备贮浆罐间的输浆管，启动输浆泵向储浆罐中输入砂浆，在输砂浆的同时，应启动砂浆搅拌器，使其搅拌砂浆，防止砂浆发生固结。

③在主机室 PLC 控制面板根据专业技术人员提供的数值进行注浆参数的设定；将各调速旋钮放在最小位，控制手柄放在中立位。

④选择工作模式，自动或者手动，一般均采用手动模式。

⑤掘进开始后，启动注浆泵准备注浆。

⑥根据掘进速度选定适当的注浆速度，通过速度调节器调好注浆速度。

(3)过程控制：

①注浆量。

a.衬砌背后注浆量的确定，是以盾尾建筑空隙量为基础，结合地层、线路及掘进方式等，并考虑适当的饱满系数，以保证达到充填密实的目的。

b.注浆应紧跟盾构掘进同步进行，应准备足够的砂浆，施工中要做到不注浆、不掘进，要掘进、必须注浆。

c.施工中必须按确定的注浆量来控制注浆，保证每环填充饱满。但应当明确：施工中达到设定的注浆量，也只能保证盾尾建筑空隙理论上的填充饱满，实际的填充情况则取决于注浆压力。

②注浆压力。

a.注浆压力是一个非常重要的参数。其值的确定是注浆施工中很重要的一个方面，其值过大可能会损坏管片；反之，浆液不易注入，所以应综合考虑地质情况、管片强度、设备性能、浆液性质、开挖仓压力等，以确定能完全充填且安全的最佳压力值。根据施工实际其值一般可取 0.2～0.4MPa。

b.施工中操作人员必须将压力传感器接好，并检查其工作情况，确保传感器能正常工作，杜绝在无压力传感器或压力传感器失效的情况下继续注浆，以防由于注浆压力过大损坏管片。

c.注浆压力是评估盾尾建筑空隙填充情况的重要参数。施工中应以此控制每环的注浆量。

d.采用同步方式注浆时，注浆过程中注浆压力应保持恒定。

③注入速度。

注浆速度应与盾构的掘进速度相适应。注浆速度过快可能会导致堵管，过慢则会导致地层的坍塌或使管片受力不均产生偏压。

272. 管片拼装质量如何进行控制？

答：

(1)管片安装前的准备：

①确认推进油缸行程必须满足管片宽度加上管片安装搭接长度之和。

②确认管片安装设备能正常工作，液压及控制系统工作正常。

③所需要的安装工具及设备(如风动扳手、紧固螺栓等)准备完成。

④确认由相关技术人员决定的管片类型及管片安装的环向位置。

⑤检查管片类型是否符合要求。

⑥清理管片安装区域的渣土、泥水、杂物等。

(2)管片安装步骤：

①将管片按正确顺序放在管片输送小车上。

②依次启动中盾上过滤冷却泵、辅助泵、推进泵、管片安装机泵。

③将盾构机工作模式转换到管片安装模式下。

④收缩第一块管片安装区推进油缸。

⑤输送小车将第一块管片输送到安装机下方。

⑥管片安装机抓牢(若为真空吸盘则为吸附)管片后，通过调整大油缸、旋转电动机、抓取头翻转等将其准确定位到最终位置。

⑦将需要安装螺栓的孔内装上螺栓、螺母，但暂时不要拧紧。

⑧将相应的推进缸伸出，顶紧已到位的管片。

⑨用风动扳手将螺栓紧固，风动扳手的风压要满足规定的扭矩要求。

⑩松开抓取头，进行下一块管片的安装。

⑪按照以上的步骤依次安装除封顶块以外的其余管片；安装封顶块时要使封顶块从梯形头的大端向小端慢慢移动来进行定位。

⑫管片安装完成后，应将管片安装机的抓取头向上放置，并将盾构机切换到掘进模式。

⑬根据需要将本环管片的安装信息输入导向系统。

(3)管片安装允许误差：高程和平面为±50mm；每环相邻管片平整度为4mm；纵向相邻环环面平整度为5mm；衬砌环直径椭圆度为0.5%；管片混凝土最大允许裂缝宽度小于0.2mm。

(4)注意事项：

①安装管片之前,应将盾尾杂物清理干净,否则将会损坏盾尾密封以及影响管片安装的质量。

②由于管片安装作业区狭小、危险性大,操作人员必须熟悉安全操作规程,注意操作人员之间的相互协调,一定要保证人身和设备安全;管片安装机工作时,严禁管片安装机下站人,严禁非工作人员进入工作区。

③安装管片过程中,伸出推进油缸时,一定要把推进油缸压力适当减小,以避免在安装过程中推力过大,造成单片管片失稳或破坏管片,一般情况下调整推进油泵压力至30～40bar即可。

④当正在安装的管片接近已安装好的管片时,要注意不能快速接近,以免碰撞而破坏管片,接近后要利用转动与翻转装置进行微调,保证管片块间的连接平顺。

⑤安装管片过程中,要保证密封条完好,否则应更换。

⑥安装完成后,应对已完成的管片质量进行检查,并进行记录。

(5)质量保证：

①严格进场管片的检查,破损、裂缝的管片不用。下井吊装管片和运送管片时注意保护管片和止水条,以免损坏。

②粘贴止水条及软木衬垫前,将管片进行彻底清洁,以确保其粘贴稳定、牢固。施工现场管片堆放区设有防雨淋设施。

③管片安装前对管片安装区进行清理,清除污泥、污水,保证安装区及管片相接面的清洁。

④严禁非管片安装位置的推进油缸与管片安装位置的推进油缸同时收缩。

⑤管片安装时必须运用管片安装的微调装置,将待装的管片与已安装管片块的内弧面纵面调整到平顺相接以减小错台。调整时动作要平稳,避免管片碰撞破损。

⑥同步注浆压力必须得到有效控制,注浆压力不得超过限值。

⑦管片安装质量以满足设计要求的隧道轴线偏差和有关规范要求的椭圆度及环、纵缝错台标准进行控制。

273. 水平、垂直运输如何进行管理?

答：

(1)管片或其他材料进行垂直运输时的注意事项：

①地面挂钩时需检查管片吊带是否完好,有无断裂现象。

②挂钩时管片止水条及缓冲垫位置要做好防护,以免起钩时被蹭坏或脱落。

③起钩后,龙门吊下方、轨道左右禁止站人,龙门吊司机在视野盲区要听从指挥。

④管片放置平板车上时要检查是否压着吊带,管片是否左右对称,管片重心位置是否与平板车中心重合。

(2)电瓶车携带材料进行水平运输时的注意事项:

①电瓶车启动与停止均需听从指挥人员口令,由指挥人员拆除挡轨器、扳道岔、确认轨道前后左右均无障碍物后下达启动指令。

②电瓶车启动时要鸣笛且注意操作顺序,缓解制动,慢慢启动。

③电瓶车进入台车前要鸣笛且减速,听从指挥人员指挥,减速至停止到指定位置,制动并放置挡轨器。

274.下穿危险源如何进行管控?

答:在盾构机掘进过程中,当地质条件不良或加固效果不好时,隧道上方建构筑物、设备、临时设施等易发生开裂、倒塌、倾覆,对此采取的管控措施如下:

(1)预防措施。

①结构物调查。

盾构下穿前,应详细对拟下穿结构物进行调查,调查内容包含结构物产权单位、结构物结构形式、修建年代、基础形式、结构物重要性等。根据调查结果,结合盾构穿越地层,分析盾构下穿可能对结构物的影响,必要时还应进行地质补勘工作。根据调查结果,做出是否对结构物进行预处理的方案。

②结构物预处理。

结构物预处理包含预注浆处理、隔离处理、拆除等。若结构物基础侵入隧道开挖范围,还需进行人工挖孔桩破除桩基或桩基托换等。

③盾构下穿。

当盾构下穿结构物时,应在控制出渣量、保证不超挖的前提下,合理设置掘进参数、有效改良渣土、精心控制盾构姿态、及时回填注浆等。

④监控量测。

当盾构下穿结构物时,应根据方案开展结构物的监控量测工作并根据沉降情况及时调整检测频率。

(2)应急处理措施。

①结构物安全性鉴定。

盾构下穿后，若发生沉降超标，不仅应对结构物基础进行加固，还应对结构物进行结构安全性鉴定。

②地表加固。

常用的地表加固方法有袖阀管注浆、旋喷注浆、倾斜式回抽注浆等。在施工过程中，应根据结构物沉降程度、地表环境、地层情况等综合考虑选择。

③洞内注浆。

为防止盾构通过后，滞后沉降给建筑物造成进一步危害，同时为固结管片，应在盾构通过后及时进行二次注浆回填，注浆材料可选用水泥单液浆，为提高早期强度也可选用超细水泥或水泥-水玻璃双液浆。

④结构物处理。

根据鉴定结果，采用不做处理、结构物修缮、结构物加固、结构物拆除等方案。若对结构物进行修缮、加固，在完成加固后还应再次对结构物进行结构安全性鉴定，直至威胁消除为止。

275. 地面沉降如何进行控制?

答：在盾构施工中，随着盾构向前推进，因盾构盾尾外径与管片外径之间的差值将会在管片背后产生空隙。这一空隙若不及时充填则管片周围的土体将会松动甚至发生坍塌，从而导致地表沉降等不良后果。因此，必须采用注浆手段及时对盾尾空隙加以充填。同时，背衬注浆还可提高隧道的止水性能，使管片所受外力能均匀分布，确保管片衬砌的早期稳定性。

在盾构掘进过程中应加强地面沉降监测，通过调整相关参数保证泥水压力平衡与水土压力，必要时可采取二次注浆，以防止沉降量过大的情况。

276. 泥水盾构施工管理与土压盾构施工管理的主要区别有哪些?

答：

泥水盾构施工管理与土压盾构施工管理的主要区别：

(1)工作原理不同。土压平衡盾构机是一种利用土仓压力来平衡掌子面水土压力的盾构机，而泥水盾构机是一种通过控制泥水仓压力来平衡掌子面水土压力的盾构机。

(2)施工工序原理不同。

土压平衡盾构机施工工序原理：由刀盘切削下来的土体进入土仓后，由螺旋输送机排出，同时渣土在螺旋输送机内形成压力梯降，以稳定土仓压力，使开挖面保持稳定；盾构机向前推进的同时，螺旋输送机排土，使排土量等于开挖量，即可使开挖面始终保持稳定。排土量通过调节螺旋输送机的转速和出土闸门的开度予以控制。从螺旋输送机出来的渣土通过皮带机输送转运，皮带将渣土卸到下方的渣土车。渣土车通过电瓶车牵引运至盾构隧道竖井，通过地面上的门吊将渣车吊到地面，并将渣土卸在渣坑内，使用挖掘机将渣土装至自卸卡车外运。掘进作业完成后进行管片拼装，管片拼装完成后再进行掘进作业，依次循环，直至完成隧道施工。

泥水盾构机施工工序原理：送泥泵从设置在地面上的调浆池抽取泥水（水与膨润土的混合物），经送泥管送入到泥水盾构的泥水仓；在泥水仓内，充满压力的泥水灌入地层若干厘米，使膨润土嵌入土粒间的缝隙，形成一层泥膜，从而使开挖面的土层变得稳定和不透水。通过泥水盾构刀盘的旋转，将开挖面的泥膜切削下来，与泥水仓内的膨润土浆液混合后，通过排泥泵和中继泵，经由排泥管送至地面的泥水分离站，泥水分离站将开挖的渣土从膨润土浆液中分离出来，分离后的泥水进行质量调整后循环使用，再通过送泥泵送入盾构的泥水仓。

277. 泥水盾构施工管理的流程是什么？

答：

泥水盾构施工管理的流程：

（1）泥浆参数设定。

泥浆的比重和黏度是泥浆性能的两个重要性能指标，其决定了稳定开挖面和携带渣土的能力。泥浆比重小，开挖面泥膜形成慢，对开挖面稳定不利；泥浆比重大，有利于稳定开挖面，但泥浆比重过大则加重设备负担，影响出渣效率。此外，泥浆黏度过低，达不到携带渣土能力和稳定开挖面的要求；黏度过高，会影响其运输能力，并造成刀盘结泥饼。因此，在选定泥浆参数时，必须根据施工地质情况，在保证掘进正常、开挖面的稳定的前提下，同时也要考虑配套设备的处理能力。一般情况下，在砂层中，泥浆比重及黏度高于黏土地层。

（2）气垫仓压力的设定。

气垫仓压力的设定应综合考虑切口水压的上限值、下限值和极限分析值。由于切口水压的上限值与下限值数值相差范围较大，通常取两者的平均值作为参考值。同时，根据覆土厚度，为防止地层沉降或击穿气垫仓保压值应根据切口水压力设定，最终气垫仓压力的设定值以切口水压中间部位的极限分析值为基准，同时考虑安全储备，预加4～10kPa浮动压力。

(3)液位控制。

液位的上升与下降,不仅直观地反映出切口水压的波动,还间接地反映出泥水仓内泥渣的堆积情况。注意观察液位的升降趋势,发现液位的升降趋势较大时,要及时通过调节进浆流量、出浆流量、掘进速度等参数,使液位升降趋势趋于稳定。

为避免泥水仓压力波动太大,需要保证泥浆液位的相对稳定,液位的稳定则需通过调节进浆和排浆的流量差值来实现。进、排浆流量的调节,可通过调整进浆泵和排浆泵的转速来实现。由于挟带渣土的原因,进浆流量和排浆流量存在一定的差值,操作时,其流量调节基准是调节排浆泵的转速,在确保排浆流量能够达到盾构掘进挟渣能力的前提下,根据液位变化,调节进浆流量,使液位保持在某一个相对的稳定位置。在盾构实际操作中,气垫仓的保压值通常是以开挖面中心的压力值来设定的,所以液位应该控制在50%左右波动范围。

(4)进、排浆量控制。

泥浆循环的目的是挟带渣土。为避免渣土沉淀,泥浆必须具备一定的流速。对于不同的地质,其要求的流速是不同的,与泥浆的比重及黏度有关。

为了保证盾构掘进速度,首先必须保证进、排浆量。进、排浆流量应根据泥水仓内液位以及盾构掘进速度,进行及时调整。当盾构掘进速度较高时,单位时间内切削下来的渣土量就多,此时应选择与之适应的进、排浆流量,以保证能够将切削的渣土及时排出;反之,当盾构掘进速度较低时,可适当减小进、排浆流量。

(5)管路延伸及其泥浆处理。

如需进行泥浆管延伸,停机前必须通过泥浆循环旁通模式保证管路内渣土排放干净,然后将泥浆循环模式切换到管路延伸模式。此时延伸管路与刀盘及隧道内的管路处于隔离状态,打开延伸管处的泄压阀,待管路内压力卸载完成后,再进行延伸管与隧道内管路之间的螺栓拆除,螺栓拆除完成后,回收延伸管,并确保回收的距离能够满足新安装管路的长度需求,最后通过起重设备进行管路安装。泄压时,应对泄压口通畅情况进行检查,防止渣土堵塞误判断为已泄压完成,避免渣土喷涌伤人;回收软管式延伸管时,应派专人在延伸管平台上观察,防止异物刮伤管路;安装新管路时,应确保管路法兰连接处平整,密封垫放置到位,确保密封效果。

278. 大直径泥水盾构机安全管理的注意事项有哪些?

答:

大直径泥水盾构机安全管理的注意事项:

(1)进行管片安装时,非操作人员不得进入管片安装区域,管片安装人员也不得站立在管片安装机上,管片安装机操作人员在操作过程中应随时关注管片安装区域内人员情况。

(2)在进行紧固螺栓时,不得移动管片安装机,避免操作人员摔跌受伤。

(3)安装施工人员应观察并使管片安装机移动范围内的管线放到合适的位置,避免造成管线损坏。

(4)工作过程中不得与管片安装机进行非管片安装的拉、推、顶操作,避免损坏设备。

(5)管片安装过程中操作人员使用的工具在使用完后立即放到稳妥的位置,避免工具从高处摔下损坏推进油缸等设备。

279.泥水性能参数与盾构掘进速度有怎样的关系?

答:

泥水性能参数与盾构掘进速度的关系描述如下:

(1)在流量一定的情况下,出浆比重取决于进浆比重和掘进速度。通过泥浆站调配合理比重的进浆来保证泥浆具有良好的挟渣能力,同时通过控制掘进速度来控制出浆比重,防止出浆堵管和降低对泥浆泵及相关设备的损耗。同时,泥浆比重过大会导致泥浆流量降低,单位时间出渣量减少,影响掘进进度。

(2)进浆比重可以通过泥浆站制调浆系统调制,当掘进速度一定时,增加流量也会降低出浆比重,而增大流量会极大地增加泥浆泵负荷,尤其对于比重较大的情况下,容易造成泥浆泵等重要泥水水循环系统设备发生故障。所以,一般情况下,流量都是根据泵的负载能力和泥浆泵配备来设定。

参 考 文 献

[1] 周文波.盾构法隧道施工技术及应用[M].北京:中国建筑工业出版社,2004.
[2] 乐贵平.盾构工程技术问答[M].北京:人民交通出版社,2013.
[3] 周文波,吴惠明.大直径盾构法技术[M].北京:人民交通出版社股份有限公司,2020.